ESTA
COSA DE
TINIEBLAS

Papel certificado por el Forest Stewardship Council®

MIXTO
Papel | Apoyando la silvicultura responsable
FSC® C117695

Penguin Random House Grupo Editorial

Primera edición: febrero de 2025

Printed in Spain – Impreso en España

ISBN: 978-84-10433-08-3
Depósito legal: B-21.210-2024

Compuesto en La Nueva Edimac, S. L.

Impreso en Huertas Industrias Gráficas, S. L.

C 4 3 3 0 8 3

A la memoria de mi padre, Julio García Jiménez

A Milo y Elisa, por el tiempo robado

Las metáforas pueden matar.

George Lakoff

Aquel día en tu portal mis palabras son cuchillas,
tu memoria es un taladro a las tres del mediodía.

Carolina Durante

Esta cosa de tinieblas la reconozco como mía.

Shakespeare,
La tempestad

I

De noche, sola en la cama, arropada por una pesada manta, sostengo como siempre un libro en la mano. Justo cuando voy a pasar la página, me distrae un sonido, apenas murmullo, que se asemeja al graznar de un búho. Me incorporo y aguzo el oído. Lo que antes era un búho es ahora el crepitar de un grillo, o quizás el gruñido de un murciélago, o la llamada de una rana lejana. Pero yo vivo en medio de la ciudad.

Me levanto y cruzo el pasillo sombrío. Al llegar al salón, al pie del ventanal, escucho en las tinieblas de la noche. Nada, solo un postigo que cruje en la brisa. Tiemblo no tanto ante la perspectiva de que un rayo de luna ilumine algo ahí fuera, sino de que mi mente sea capaz de imaginarlo y yo misma dinamite los límites entre fantasía y realidad.

Me dejo caer en el sofá. El corazón me palpita como si quisiera romper la carne. Y llega esa presión en la cabeza a la que llamamos ansiedad. Es el miedo al miedo, me digo, no pasa nada. Y trato de verbalizar lo que me sucede.

«Para definir la locura, ¿no tendría uno que estar loco?», dice un personaje en *Hamlet.*

Me impongo la cordura y me dirijo de nuevo a la cama. Visto una bata roja sobre la que cae una melena desordenada. Me detengo ante la puerta de la habitación de mis hijos. Escucho el rumor de su respiración, rítmica y pausada. Tengo más de cuarenta años y se supone que ahora soy yo la que dice que no hay nada que temer en la oscuridad y no la que lo escucha.

«Flaqueza, te llamas mujer». Esto lo dice el propio Hamlet.

Cuando estoy de nuevo en mi cama, retomo el libro y me traslado a un páramo inglés, donde me tropiezo con un loco definiendo la locura.

> La tormenta de mi mente no me deja sentir nada salvo lo que brama dentro.

Acompaño al rey Lear en su descenso a los infiernos de la demencia y me quedo dormida con algo de paz recobrada.

Esto, que es el principio de este libro, podría ser una noche cualquiera en mi casa. Vivo a través de la literatura, pero no porque crea en la permanente bondad del verso.

«Serás más casta que el hielo y más pura que la nieve, y no podrás evitar la calumnia. Vete a un convento –me ha susurrado al oído el príncipe de Dinamarca–. A un convento, vamos, deprisa».

He sido a veces fierecilla y a veces domada. «Ven, ven, débil e insolente gusanillo de tierra. Humilla tu orgullo, porque es inútil. Pon tus manos bajo la bota de tu marido como gesto de obediencia».

Insultada e injuriada por los grandes maestros de la literatura universal, me he arrastrado sobre mi vientre y he mordido polvo, pero también he levitado. He querido desaparecer y a la vez multiplicarme. Ir a un convento y quemar el convento. Y confieso que incluso de aquellos textos que más me han vilipendiado, a mí y a las de mi género, he sacado algo, palanca, muelle o cojín, que de alguna forma me mantiene viva.

Lo que sigue es un cuento –en todos sus sentidos– de cómo esta obsesión por ver lenguas en los árboles y libros en los arroyos puede ser transporte, en el agua y en el fuego. Un manual cuyo mayor consejo sea probablemente no seguir ningún consejo, para hacerle trampas a la vida gracias a la literatura.

II

Uno de los días en que fui más tramposa fue el del entierro de mi padre. El cementerio de Montjuïc acoge los huesos de miles de barceloneses cuyos nichos se amontonan en altos muros rodeados de lívidos eucaliptos. A mi padre lo enterramos en uno de los más privilegiados. No por el espacio, claustrofóbico como el del resto, sino porque estaba en la fila superior, y eso le garantizaba vistas al mar para toda la eternidad. Los operarios que manejaban sus cenizas machacadas tuvieron que hacer uso de una plataforma que, provista de un motor, les permitió encaramarse a lo más alto.

–No va a caber. Demasiados muertos en la familia –le dije a mi madre cuando introducían la urna.

–No seas exagerada –me contestó.

–¿Por qué tan arriba? –gritó mi sobrino.

–Para que llegue al cielo antes –respondió mi tía beata.

–Claro. Qué bien –sonrió el niño.

Mientras las lágrimas de tristeza escaldaban mis

mejillas, me di cuenta de que el entierro de mi padre se estaba convirtiendo en una novela costumbrista, un poco del siglo XIX, porque ¿quién tiene aún tías beatas en la familia y niños que confíen en el paraíso? Y yo me negaba a que el último día de mi padre entre nosotros tuviera ese tono realista. A ojos ajenos, su vida había sido corriente, él un hombre corriente, y su muerte, tan corriente como todas las que llenan las estadísticas de cánceres fulminantes. Pero no para mí. Ese día se abría una falla que no me veía capaz de superar, por trillado que estuviera el camino. Y me negué a dejarlo ir para siempre.

Conjuré todas mis lecturas, desde los cuentos que él mismo me leyó alguna vez hasta los libros que me destrozaban ya de adulta y de los que él se burlaba por sus títulos lúgubres. Y entonces, a lo lejos, entre una nube de polvo vi llegar al médico que nos había acompañado ese último mes pesadillesco en el hospital, el mismo que nos leyó el diagnóstico de tumor intratable y nos dio el pésame tras extender la sábana blanca sobre la cara de mi padre. De lejos, trotando, se me asemejó a un caballo algo ridículo.

–Que no, que me he equivocado. Esperen –gritaba, cada vez más cerca, mientras movía los brazos en dirección a los operarios.

El caos cundía entre los asistentes. Nos mirábamos entre nosotros, al médico, a los operarios, que hacían muecas de asombro.

–Ha sido todo un lamentable error. Se me traspapelaron los historiales. El enfermo era otro, y en consecuencia el muerto también. La familia que tiene que llorar es otra.

Del nicho que los operarios ya habían empezado a tapiar salía ahora un leve sonido, un toc toc que decía que alguien me saque de aquí. Cuando los trabajadores, algo incrédulos, retiraron el mármol, las cenizas de mi padre se habían hecho carne de nuevo y asomaban en forma de pies por el agujero. Y poco a poco se fue deslizando su cuerpo, entero, lleno de vida. Se sacudió el polvo de huesos y gusanos de la americana y bajó por la plataforma hasta nosotros.

–No se preocupe, doctor. Estas cosas pasan. Trabajan demasiadas horas –le dijo al médico, sin perder un ápice de su viejo espíritu sindicalista. Acto seguido, se dirigió hacia mí-: Vamos, niña, a casa.

Nadie se movió, salvo yo misma. Nadie estaba dispuesto a dar credibilidad a semejante giro argumental. Así que nos fuimos los dos, dejando a toda la comitiva atónita.

–No te preocupes, niña, ya vendrán –me dijo mi padre al oído.

Al mirar atrás, vi en el camino recorrido nuestras huellas sobre la escarcha que cubría la tierra del cementerio.

Yo misma no estaba muy orgullosa. Pero llegados a ese punto de la trama, no me quedaban muchas alternativas. Desde la Antigüedad, el *deus ex machina* ha sido vilipendiado por los expertos y hoy casi nadie lo usa. En la tragedia griega ese personaje era un dios, interpretado por un actor al que bajaban al escenario con una especie de grúa. Su mera presencia y unas pocas palabras bastaban para dar un final justo a la obra. Aristóteles ya afirmaba que los conflictos argumentales debían resolverse internamente y no con semejante torpeza narrativa. Y Nietzsche acusó a Eurípides de confiar demasiado en el *deus ex machina* y hacer de sus tragedias un territorio de falso optimismo y justicia inexistente. Pero a quién le importa la coherencia y la verosimilitud, a quién le importa lo que digan un par de filósofos si puede irse a casa con su padre regresado de los muertos de la mano.

A veces me da por pensar que esa escarcha con nuestras huellas no se ha derretido del todo.

Una de esas veces fue más de diez años después. Una tarde, el padre de mis hijos recogía las últimas cajas de una mudanza que me había negado a aceptar hasta que el camión estaba ya a punto de marcharse, una mudanza que resonaba demasiado como las que había vivido no tanto tiempo atrás. Me había jurado a mí misma que esa vez sería diferente, que había algo de definitivo e inquebrantable ahí, pero mi obcecación, a la vista estaba, no era compartida. Y por mucho que de desamor ande el mundo lleno, había una angustia que se sentía física, en mis costillas y en las de nadie más, que me ahogaba y no me dejaba respirar. Por eso tuve que hacerme con unas branquias. Ir mutando y descender hacia ese fondo marino oscuro e inescrutado donde habitan seres extraños capaces de sobrevivir en condiciones que ni siquiera somos capaces de imaginar.

Recordé la primera ruptura que me afectó, cuando apenas dejaba la adolescencia, y las palabras que me dijo una amiga de mi hermana mayor que acababa de separarse. Ante mi desespero por el fin de ese amor juvenil, mi hermana pensó que escuchar a alguien con más experiencia y entereza podría ayudarme. Con esa esperanza me llevó un día a ver al oráculo, pero el semblante sereno de aquella mujer escondía un desaliento que me aplastó.

–Qué quieres que te diga. Es como si te arrancaran un brazo.

Sus palabras se me grabaron a fuego. No por tópicas eran menos ciertas. Y con apenas dieciocho años salí de aquella casa consciente por primera vez de la amputación que causa el fin del amor.

Tantos años después, otra ruptura volvía a dejarme sin brazo. Esta vez era un brazo larguísimo, viscoso y asqueroso, de esos que se esconden en la fosas abisales y soportado por un cuerpo capaz de aunar insignificancia y monstruosidad. Porque ahora quién me iba a querer a mí, machacada por las amputaciones sucesivas y el paso del tiempo, cargada de recuerdos que son baches en la piel y fracasos que me habían arrancado vértebras. Pero esos cefalópodos misteriosos a los que había pasado a pertenecer, de grotescas extremidades, blanduzcos y capaces de retorcerse de formas insospechadas, tienen también una habilidad que los hace únicos: cuando se sienten amenazados por un depredador, pueden amputarse un brazo a sí mismos para que el atacante se distraiga y huir sin peligro. Al poco, regeneran su brazo y aquí no ha pasado nada. Cuando mi ya expareja me preguntó si dejaba las llaves en la mesa y ponía semblante grave para demostrar que él también sufría, le di mi brazo. Lo tomó como una especie de trofeo. Hizo un débil gemido y arrastró pesadamente los pies por el recibidor, como si quisiera dejar un último rastro imborrable en esa casa. Se despidió y cerró la puerta por última vez. Mientras escuchaba cómo el ascensor lo iba alejando pisos enteros de mí, con la carga de todo el océano sobre mi cuerpo, saqué algo de fuerza para sonreír ante mi venganza. Se cree que se lleva una parte de mí, que me marcará para siempre, pero no sabe lo poco que durará el muñón.

Desde niña vivo entre metáforas. Pero no soy la única.

III

Pronunciamos una metáfora, como mínimo, cada veinticinco palabras. O, lo que es lo mismo, unas seis metáforas por minuto. En una hora de diálogo ininterrumpido, se pronunciarían trescientas sesenta metáforas. En un día, casi nueve mil. En un año, más de tres millones. En toda una vida, alrededor de trescientos millones. Las metáforas, como el universo, tienden al infinito.

Y no nos damos cuenta. Hasta que una interrupción en el orden natural de la comunicación nos hace súbitamente conscientes de que hablamos en metáforas.

Entre los tipos de metáforas, Aristóteles cita la hipérbole, y pone como ejemplo al mayor héroe de todos los tiempos: «Pues en verdad Odiseo diez mil hazañas tiene realizadas». Para el filósofo griego, «diez mil» es una exageración que equivale a «muchas», y sirve para destacar la fuerza y valentía de su hacedor. Yo, que no me he enfrentado a tantos seres fantásticos ni he navegado tantos mares, también protagonizo mis hazañas cotidianas, y entre ellas destaca la pequeña proeza de salir de casa cada mañana con mis hijos mellizos y llegar puntuales a la escuela.

«¿Te has acabado el desayuno? Llevas mil años»,

«Como lleguemos tarde otra vez, me muero»,

«Te he dicho millones de veces que te pongas los zapatos»,

les repito día tras día. E, invariablemente, mis hijos me responden:

«Hace mil años no habías nacido»,

«Nadie se muere por llegar tarde al cole»,

«Si me lo hubieras dicho millones de veces, estarías afónica».

Ante sus contundentes respuestas, que muestran la literalidad más descarnada, suelo contestarles con un razonamiento aristotélico y les explico que me refiero a mucho, les digo que estoy desesperada y que esta es mi forma de expresarlo, y acabo con un contundente «Es una forma de hablar». Pero, en realidad, lo que yo quiero contarles y que me reservo para un día en que sean algo mayores y en que no lleguemos tarde, es que más que una forma de hablar la metáfora es una forma de vivir, que hablamos como vivimos, y que si hablamos tanto en metáforas es porque también vivimos en metáforas. Y que esto, que ahora les parecerá un rompecabezas, una de esas peroratas más de una madre con tendencia a los discursos trascendentes, es de las mejores noticias que podría darles. Porque la metáfora, más allá del ornamento que muchos creen que es, más allá de los dientes de marfil y los cabellos de oro que probablemente les enseñen ese día en clase, es una herramienta de libertad que nos permite sustituir el mundo dado por el imaginado.

Y mi cabeza se pone ceremoniosa y poética.

Si puedes andar entre metáforas y hacer
un hatillo con todas ellas,
si puedes hablar con la multitud y perseverar
en tu metáfora,
serás un hombre, hijo mío
(o lo que buenamente quieras y puedas).

Mientras pienso en todo esto, logramos al fin salir de casa y, por supuesto, llegamos tarde a la escuela. Enfrente de la puerta, me parece que aún puedo oír el eco del sonido herrumbroso de sus goznes al cerrarse. Y aunque no me muero, miro a las otras madres que se han quedado charlando en la puerta, pienso en cómo lo harán para ser puntuales y lucir tan lozanas, no como yo, que parece que lleve siglos despierta, y dirijo mis pesados huesos al trabajo con una leve sensación de fracaso.

IV

Es septiembre y antes de que entremos en el frío invierno escucho una de las repetidas súplicas de mis hijos y viajamos a Disneyland París. Más allá de las colas interminables y los precios elevadísimos, son cuatro días de puro disfrute. Hay una mímesis terrible en esto de la maternidad, o al menos en la mía. Si mis hijos ríen, hago lo mismo. El problema es cuando no lo hacen. Pero en el paraíso de Disney todo son sonrisas, menos cuando entramos en Phantom Manor, la atracción de terror que se convierte pronto en una de nuestras favoritas.

En cuanto la divisamos, a lo lejos, forzamos esa expresión de congoja que requiere la experiencia.

–Yo ya siento escalofríos, ¿vosotros no? –les digo con una mueca ridícula.

Estos días casi no desfallezco en el espíritu aventurero y teatral propio del entorno. Y mucho menos cuando vamos a Phantom Manor, pues siento debilidad por las casas encantadas. Y esta cumple con todos los requisitos de una buena recreación. Situada en la zona que imita el Oeste americano, su lóbrega silueta se alza silenciosa y grave sobre una especie de colina, lo que la hace visible desde casi cualquier punto. La sospecha que despierta su apariencia victoriana de que probablemente su interior albergue algún fantasma queda confirmada por la placa de la entrada al recinto. Bordeada por serpientes de bronce entrelazadas, reproduce la máxima de las odas de Horacio, «Non omnis moriar». Que no todo muere te queda claro en cuanto penetras en los jardines que la rodean y unos altavoces escondidos reproducen crujidos espectrales entre los árboles.

Cuando por fin accedemos al interior de la casa, el cartel de las instrucciones me revela el nombre del vehículo que nos llevará por nuestro periplo infernal: «Don't step out of your doom buggy». Todo está perfectamente pensado, y subir a ese coche siniestro se me antoja uno de los hitos de mi vida. Pero ese carrito no solo tiene un buen nombre. Sus movimientos giratorios están diseñados para que no te pierdas ninguno de los espíritus que acechan en cada esquina, a cada cual más espeluznante. Es al final cuando se produce el clímax del terror y se materializa el que será sin duda mi fantasma preferido. Con el coche detenido frente a un espejo rodeado de telarañas, súbitamente aparece sobre tu reflejo la figura de un espectro. Es entonces cuando dejo ir el mayor de los alaridos, que sorprende incluso a mis hijos, un grito de puro horror al que pronto se suman y que deviene en carcajada en cuanto vislumbramos ya la luz del sol y el *doom buggy* se detiene por fin.

La última vez que montamos, la de despedida, es especialmente mágica y feliz. Y, frente al tétrico espejo de la apoteosis final, pienso que es un placer mirar tu reflejo y saber que el espectro no eres tú. Yo misma me sorprendo ante la rotundidad de mi reflexión y autocensuro mi posible exageración. Pero hay que reconocer que el entorno se presta al exceso.

Por la noche, ya en el hotel, mientras mis hijos duermen plácidamente, acurrucada en una cama en forma de Mickey Mouse, vuelvo a ese pensamiento que en un primer momento me ha parecido hiperbólico. Siento una atmósfera pesada que no tiene nada que ver con la inocencia del entorno, y adivino en la oscuridad una especie de vapor plomizo. Recuerdo entonces la extrañeza constante respecto a mí misma en cada una de mis edades. La sensación oscilante de ser demasiado cuadrada primero, demasiado redonda después. El sentimiento persistente de pensar que la carne no debería existir, de querer que se escurra por el desagüe. Tratar de hacer de mi cuerpo lirio del valle y sentirlo en cambio morada de demonios. Las venas que cogen volumen bajo una piel que repele el bronceado como el agua al aceite. El acné adolescente y las arrugas de la madurez como accidentes de un mapa que quiero extranjero, *hic sunt dracones*. Desear con todas mis fuerzas poder volar ingrávida como destello de luna y no como langosta. Y a la vez ese anhelo de ser contundente material de deseo, balanceo de belleza, uña y carne de perfección, convencida de que solo así conseguiré el pasaporte para el hogar: ser amada.

V

Aunque en algún momento me haya sentido bella, aunque el reiterado empoderamiento feminista me haya acercado a la aceptación, reconozco que ni siquiera hoy estoy segura de que mi pelo no esté poblado de serpientes, de que bajo la larga falda vaporosa que uso en verano no se esconda una cola de pez, de que la manicura carmín que me repaso cada semana no tape unas garras capaces de arañarme a mí misma.

Entre las diez mil hazañas de Odiseo no estaba llegar puntual a la escuela, pero sí fue capaz de cruzar con su flota el estrecho de Mesina, a cuyos lados se escondían dos de los mayores monstruos femeninos que jamás ha concebido la imaginación humana, Caribdis y Escila. Ambas son voraces devoradoras de animales y humanos. Caribdis es el remolino cuya hambre no tiene fondo, pero el mayor mérito se lo lleva Escila, ya que su virulento ataque a la tripulación se convertirá para el héroe homérico en «el espectáculo más lamentable» de todo su viaje. La hechicera Circe ya le había avisado de lo que se iba a encontrar, pues Escila tiene doce pies, todos deformes, seis cuellos larguísimos rematados por seis bocas que contienen, cada una, tres hileras de abundantes y apretados dientes «llenos de negra muerte». Escila se esconde en una cueva, y mientras héroe y marineros se encuentran distraídos mirando al monstruo de enfrente, toma con sus extremidades infinitas a seis hombres, a los que Odiseo ya solo puede ver en el aire, moviendo sus diminutos pies y manos, y pronuncia sus nombres por última vez con el corazón afligido.

Escila representa la monstruosidad en todo su horror; no solo devora, sino que también desconcierta. Igual que el mar, igual que la mujer: «De la mujer y el mar, poco hay que fiar».

«Estar entre Escila y Caribdis» es hoy una frase hecha, una metáfora que expresa una situación en la que hay dos peligros, a cada cual mayor y para los que no hay escapatoria.

Pero ya los propios griegos consideraban a Escila una metáfora, y trataban de otorgarle, en una tendencia a la simplificación que llega hasta nuestros días, un correlato totalmente literal. Algún historiador vio en ella el propio escollo cuya forma representaba un peligro para la navegación. Otros le atribuyeron la identidad de un barco enemigo, mientras que alguno identificó las prácticas hostiles de los nativos de la zona.

También, decían, podía corresponderse con delfines y otros cetos abundantes en esas costas. Y alguien le dio directamente una identidad humana femenina: Escila era la poetización de una prostituta que vivía en una isla cercana y devoraba a sus clientes, entre ellos a los compañeros de Odiseo, aunque con él fracasó, pues era demasiado sensato.

Con el tiempo se ha visto en Escila, como en tantos otros monstruos mitológicos femeninos, una personificación de las ansiedades masculinas acerca de la mujer, el *horror feminae*, una advertencia sobre nuestra aberrante carnalidad. La vagina dentata, la castradora, la salvaje, la glotona, la castigadora.

Yo me ha asomado a su acantilado a menudo. He recorrido palmo a palmo el estrecho de Mesina en busca de su cueva y la he mirado con detenimiento. A veces la he reconocido como hermana, en la soledad de su monstruosidad e incomprensión, y me ha inspirado rebeldía. Otras su visión me ha aplastado, no por su descomunalidad, sino por la capacidad de condensar estereotipos y desprecio hacia mi género en un solo cuerpo. Y en algunas ocasiones, lo reconozco, he huido, no por miedo a esas hileras de dientes letales, sino porque me he encontrado en su mezquindad, su instinto destructor y su odio animal.

No he conseguido fijar a Escila. Y, en consecuencia, no he conseguido fijar mi propia identidad a la de ella.

Como los estrechos geográficos, los literarios a veces son escarpados y otras más benignos, sus aguas más mansas y otras más revueltas. El sexismo ha navegado a sus anchas por la historia de la literatura y, mientras no deje de existir, difícilmente desaparecerá de ella. Somos muchas las lectoras que nos hemos acercado a esos peligrosos remolinos por voluntad propia pero un poco contra nuestros principios, y hemos sacado algo de placer o incluso sabiduría de ello.

Sin embargo, a nuestro alrededor no son pocas las voces que exigen de nuestro lenguaje y del que nos da algún tipo de satisfacción la mayor de las coherencias. Se aspira al verbo literario como un prodigio de bondad, un espacio de seguridad. Desde los fundamentalismos conservadores hay una larga tradición al respecto, abundante y sistemática, pero es innegable que la tentación se encuentra por doquier. Toda la pureza que hemos reprochado que nos impusiera el patriarcado, parece que a veces quisiéramos imponérnosla a nosotras mismas: a nuestras palabras, nuestras lecturas, nuestros deseos. Y de la responsabilidad de esta exigencia el machismo tampoco se libra: la culpa con la que nos ha hecho cargar es tan fuerte que las direcciones que toma son de lo más enrevesadas.

Ávidas como estamos de libertad y justicia reparadora, queremos encontrar correlatos claros que nos den un mapa para no caer en viejas heridas. Y entonces nos damos de bruces con la literalidad, buscamos las equivalencias metafóricas perfectas, la simetría. Renegamos legítimamente de aquello que nos ha dañado y creemos que etiquetándolo seremos capaces de superarlo. Convertimos la literatura en una especie de práctica de superación personal y no nos damos cuenta de que seguramente esto nos aleja no solo de ella, sino también de nosotras mismas.

Si encerramos a Escila en la personificación de la ginofobia, el rechazo a la mujer sobre el que se sustenta gran parte de nuestro dolor histórico, o la hacemos mutar en su perfecto contrario, la mujer empoderada cuya voracidad jamás vacila y siempre se justifica, la estaremos fijando. De alguna forma tapiaremos esa cueva a la que las mujeres podemos asomarnos en busca de la liberación, de la que forman parte también nuestras contradicciones y nuestros deseos oscuros.

Además, ni siquiera así podremos acabar con su influjo. Ya se lo advirtió Circe a Odiseo: «Escila no es mortal, sino una plaga imperecedera, grave, terrible, cruel e ineluctable». Por eso, unos setecientos años después de Homero, Ovidio nos cuenta cómo Escila se convirtió en monstruo y nos la devuelve bajo una nueva luz que ilumina como pocas lo que estoy pensando en esta cama de Mickey Mouse y bajo la atenta mirada de Pluto. ¿Cuándo dejé de sentirme en casa en mi cuerpo? ¿Lo fue alguna vez?

Las transformaciones de los cuerpos femeninos que se relatan en las *Metamorfosis* que escribió Ovidio no iban dirigidas a nosotras. Éramos el objeto del relato, pero no estaba previsto que fuéramos su audiencia. Y, sin embargo, gracias a que dejamos esa cueva abierta, a que buscamos sus grietas, hoy ese relato, con todos sus alfileres, me explica por qué en algún momento dejé de sonreír a Mickey y su cuadrilla y me asomé al abismo de Mesina.

Ovidio nos cuenta que fue la propia Circe, la que advierte a Odiseo de la monstruosidad de Escila, la responsable de la transformación de la bella ninfa. Rabiosa por la envidia, la hechicera esparció en las aguas de la cala donde solía bañarse Escila jugos destilados de una maléfica raíz, y pronunció un circunloquio de palabras enigmáticas que obraron su magia. Cuando la ninfa entra en el mar, ve que monstruosos perros que ladran infestan sus caderas. Al principio, no cree que formen parte de su cuerpo y trata de correr. Pero mientras huye los arrastra consigo, y cuando busca dónde están sus muslos, sus pantorrillas y sus pies, no encuentra más que mandíbulas caninas.

En el relato de Ovidio, Escila no tiene seis cabezas, sino una y preciosa, y su monstruosidad ha migrado bajo la cintura, como ese vello púbico que me sorprendió un día en la adolescencia y que trato de domar desde entonces. Solo que el suyo ladra y muerde. Aquí la víctima de la monstruosidad ya no son los marineros de Odiseo, los hombres, sino las mujeres. El verdadero horror es intentar correr y saber que no puedes librarte de ti misma. Que tu cuerpo, que tú misma, eres una desconocida, y que aquello que rechazas es lo que te sostiene.

VI

En medio de la noche noto que me golpean el brazo, que tiran de él. Abro los ojos y no sé dónde estoy. Una luz azulada y nebulosa se cierne a mi alrededor. En las molduras del techo distingo una sonrisa gigante rematada por unas orejas negras. Por un momento no entiendo nada y hay un fulgor de terror ante esa boca descomunal capaz de devorarme. Pero pronto la cara de mi hija asoma en mi mirada y la imagen del techo de Mickey Mouse se ubica en el entorno infantil que le corresponde y pierde su extrañeza. Hace poco que hemos llegado a Disneyland París y es nuestra primera noche en uno de sus hoteles.

–He tenido una pesadilla.

Abrazo a mi hija, la tumbo a mi lado y le pregunto qué pasaba en su sueño. Me cuenta que un mono pequeñito, casi bebé, trepaba a lo alto de un árbol, caía y, pum, moría.

–Pobre, y te ha dado pena el monito, ¿no? –le digo, acariciándole el pelo.

–Mamá, el mono era yo –me contesta, casi ofendida por tener que verbalizar algo tan obvio.

Mi hija ha creado una metáfora en sus sueños. Y, lo que es más, ha sido capaz de reconocerla en la vigilia. Entre mis brazos, vuelve a caer dormida. Se ha ido a un territorio en el que yo no puedo entrar, aunque quiera, por mucho que lo intente: el de sus sueños. Los límites de una madre, que no puede con todo, se vuelven a hacer carne. Pero además ese territorio, que me es ajeno, que es solo suyo, va cobrando complejidad, y el miedo a la muerte gana protagonismo.

Más allá del eje de esta metáfora alegórica que ha señalado mi hija, ese «el mono era yo» que no olvidaré en la vida, hay en esta metáfora muchas implicaciones sobre las que me hago mil preguntas y que ya no me dejarán pegar ojo: ¿Por qué el mono está solo e indefenso? ¿Por qué su madre no lo ha salvado? ¿Por qué el inconsciente de mi hija ha decidido dejarla sola, y por qué justo esa noche, en la que estaba cumpliendo uno de los sueños de su aún corta vida? Pero, sobre todo, ¿cuándo ha crecido tanto que ya es capaz no solo de crear metáforas, sino de reconocer que lo ha hecho y darles un significado?

Tuve un padre bastante ausente durante mi primera infancia. No hay mucho de original en ello. Somos legión. Pero mi padre reapareció, como un mesías renacido de su depresión y su alcoholismo, y a partir de cierta edad fue una presencia constante en mi vida. De mayor me contaría cómo venció su adicción: Un día fui a veros a tu hermana y a ti. Era una especie de espectáculo escolar, creo. Llevabais un vestido verde. Recuerdo que os miré y pensé: Han crecido y me lo he perdido. Decidí no perderme nada más.

El vestido verde de mi hermana y mío, que nunca he sido capaz de recordar, se convirtió para mí desde entonces en una especie de metáfora de evocación múltiple, dolorosa y placentera a la vez: el amor paterno, el tiempo irrecuperable, la voluntad que vence a la adicción, el alcohol que borra trozos de vida. Y así, de forma exponencial. La metáfora tiende al infinito, ya lo he dicho. A su vez, la metáfora del sueño de mi hija se ha convertido también en metáfora para mí: de su crecimiento imparable, de los momentos de soledad inevitables en toda vida, del deseo irrealizable de una madre de protección eterna, de cómo incluso en la felicidad más pura (o precisamente a causa de ella) aparece el miedo más atroz. Y así, de nuevo, hasta el infinito.

Con la mirada fija en ese Mickey aplastado en el techo, me pregunto desde cuándo mi hija se maneja con tanta soltura entre metáforas.

En las últimas décadas del siglo XX, el estudio de la metáfora empezó a cobrar un protagonismo inusitado. Diversos filósofos, lingüistas y psicólogos se pusieron a teorizar ampliamente sobre la centralidad de la metáfora en nuestras vidas. Para saber cuándo adquirimos esa capacidad casi mágica de reconocer y aceptar significados que atentan contra nuestro sentido común, cómo pasamos del «Nadie se muere por llegar tarde a la escuela» al «Vale, ya voy, no te pongas histérica», se realizaron varios estudios. Mi preferido es el del carcelero que se convierte en piedra. Tanto tiempo de militancia política y lecturas de Angela Davis tiene que notarse en algo.

En el estudio en cuestión se les pedía a niños de diversas edades que dieran una explicación a este enunciado: «Después de muchos años trabajando en la cárcel, el carcelero se convirtió en piedra y no se podía mover». Los niños más pequeños, de seis y siete años, dieron una versión totalmente literal y transformaron mágicamente el mundo para ajustarlo a la frase, invocando, por ejemplo, a un rey que convertía al guardia en una piedra. Esta salida me encanta, y me hace recordar a cuando trato de meter toda la ropa en una maleta. La maleta claramente es demasiado pequeña y la cantidad de ropa no encaja. Pero da igual. La aplasto bien y me siento encima hasta que consigo meter el mundo dentro. Otros se fueron por peteneras y cambiaron la relación de identidad por una de contigüidad. Así, el guardia trabajaba en una cárcel con las paredes de piedra o le gustaban las piedras. Sobre los ocho años los niños se dieron cuenta de que el carcelero era, en cierto sentido, como una piedra. Sin embargo, aún no eran capaces de discernir una conexión entre el objeto físico y el estado psicológico, y tendían a tratar ambos términos como pertenecientes al ámbito físico. Contaban entonces que el vigilante tenía músculos duros como piedras, por ejemplo. Finalmente, sobre los diez años, los niños entendían que se estaba describiendo un aspecto de la personalidad del carcelero, aunque variaban en su respuesta: que si tenía mal humor, que si gritaba o que si había perdido la capacidad de sentir.

Cuando despertamos por la mañana, mientras desayunamos gofres en forma de un Mickey que ya empieza a resultarme siniestro por su omnipresencia, le pido a mi hija que me explique la frase del carcelero. Está tan tranquila, a pesar de su pesadilla, que parece que ha hecho más mella en mí que en ella. Me escucha distraída y me contesta con la boca llena de un Mickey triturado.

–Pues que el carcelero se ha puesto cachas, ¿no?

Tiene justo ocho años.

Suspiro tranquila. Progresa adecuadamente en el mundo de la metáfora.

VII

Que mi hija ya nade entre metáforas me tranquiliza tanto como me inquieta. La mayoría de la gente cree que se las puede apañar sin metáforas, que son un complemento, bello a lo sumo, cursi a menudo, sorprendente unas veces, tópico otras. Pero en realidad son una herramienta de supervivencia y, como tal, las metáforas nos dan vida, pero también pueden quitárnosla.

Mientras escribo estas páginas cientos de jóvenes incels mantienen en internet acaloradas conversaciones donde despliegan una metáfora conceptual que colma su odio exacerbado: las mujeres ya no somos seres vivos, somos máquinas, feminoides, y contamos hasta con nuestro propio acrónimo, FHO (Female Humanoid Organism). Pero no hay que irse a los foros virtuales ni a la tecnología más distópica para encontrar metáforas deshumanizantes capaces de matar: en el amor cortés medieval la mujer es a veces la garza que no se deja cazar, y Gustavo Adolfo Bécquer persiguió hasta el desaliento a esa mujer que era rayo de luna y que, aunque huía llena de espanto, él se empeñaba en no dejar marchar, «pues la gloria de poseerla excederá seguramente al trabajo de buscarla».

El término «metáfora» deriva del griego *metapherein*, que originariamente no tenía un significado lingüístico, sino que hacía referencia a la acción de llevar un objeto de un lugar a otro. A partir de ahí empezó a usarse en la retórica para referirse a la identificación entre dos cosas aparentemente distintas pero que relacionamos por su semejanza. El arte de la metáfora, de crearla, pero también de captarla, se basa entonces en nuestra habilidad para reconocer las semejanzas. Y esa es una capacidad fundamental, sin la que el ser humano no habría podido ni evolucionar ni sobrevivir.

De eso dieron prueba fehaciente en 1980 el lingüista George Lakoff y el filósofo Mark Johnson en uno de los libros que más ha revolucionado el pensamiento del último medio siglo, *Metáforas de la vida cotidiana*. Yo apenas tenía veinte años cuando me topé con él. Estudiaba Filología y, estancada en una larga postadolescencia, todavía creía que los letraheridos poseíamos una sensibilidad especial que hacía de nuestro lenguaje algo único y superior. Lakoff y Johnson me hicieron ver que todos hablamos en metáforas, a cada gesto, a cada banal movimiento, de manera que vamos creando colectivamente una compleja red de significados que tienen consecuencias directas en nuestra forma de vivir. Es significativo cómo este libro, una lectura clásica de las ciencias cognitivas, marcó para mí un momento de toma de conciencia política y una acentuación de un feminismo que permanecía aún latente. Una cura de humildad y un endiosamiento a la vez, al sentir que con cada frase que pronunciaba podía cambiar un poco el mundo, al sentir que no había nada único en ello.

El primer ejemplo de concepto metafórico por el que estructuramos nuestra actividad cotidiana que ponen Lakoff y Johnson es «La discusión es una guerra». Según ellos, esta metáfora se refleja en nuestro lenguaje del día a día en muchas expresiones:

«Atacó todos los puntos débiles de mi argumento»,

«Nunca le he vencido en una discusión»,

«Sus críticas dieron justo en el blanco»,

«¿No estás de acuerdo? Vale, ¡dispara!»,

«Si usas esa estrategia, te aniquilará».

Los autores argumentan que no nos limitamos a hablar de discusiones en términos bélicos, sino que las vivimos como tal: las ganamos o las perdemos, vemos a la persona con quien discutimos como un oponente, atacamos sus posiciones y defendemos las nuestras, planeamos y usamos estrategias. Si encontramos que una posición es indefendible, la abandonamos y adoptamos una nueva línea de ataque. Aunque no hay una batalla física, se da una batalla verbal, y la estructura de una discusión –ataque, defensa, contraataque– lo refleja.

Y para que veamos hasta qué punto esto es así nos plantean una bella hipótesis:

> Tratemos de imaginar una cultura en la que las discusiones no se vieran en términos bélicos, en la que nadie perdiera ni ganara, donde no existiera el sentido de atacar o defender, ganar o perder terreno. Imaginemos una cultura en la que una discusión fuera visualizada como una danza, los participantes como bailarines, y en la cual el fin fuera ejecutarla de una manera equilibrada y estéticamente agradable.

En mi familia somos de discutir. Cualquier tema, por anecdótico que sea, se convierte siempre en un debate que nos lleva hasta los cimientos de la civilización y el ser humano, que deriva en reflexiones sobre democracia, justicia retributiva y derechos inalienables. Es la consecuencia de tener unos padres a quienes la dictadura obligó a politizarse de muy jóvenes, que han conservado toda su vida algo del espíritu del París sesentayochesco, y de haber abrazado mis hermanos y yo esa tradición con ganas. Pero es que, además, en mi casa siempre se ha hablado muy alto, y para eso ya no tengo explicación. Discutimos a gritos. Cuando amistades o amores vienen a comer o cenar con nosotros, se espantan ante semejante espectáculo. Y no paran de pedirnos que no nos peleemos o nos calmemos, a lo que respondemos entre voces parecidas a trompetas apocalípticas que no estamos enfadados y que estamos calmados. Qué distinto si bailáramos un vals, tan rítmico y estructurado, pero tan ligero a la vez. Me imagino la gracilidad con la que iríamos cambiando de pareja y argumento, flotando por el aire, en ese ágil un-dos-tres.

Pienso en qué danzas habrían sido las discusiones que he protagonizado a lo largo de mi vida y todas son bastante frenéticas. Alejadas del minué amable y civilizado, más cercanas a un pogo en un concierto punk. Quizás, a veces, un tango, tan binario, tan pasional. Muy distintas a esa danza que practicaba de pequeña en el *esbart* del barrio y que consistía en que cada niño, con una cinta en la mano, se moviera alrededor de un único palo de tal forma que, al final de la canción, se apreciara en él el dibujo perfecto de una *senyera* en la que reconocernos todos. Tomo conciencia de que probablemente la mía no ha sido una forma sana de discutir, que no he escapado a la metáfora bélica, y que mis años en política como diputada han reforzado esa inclinación. Y, por supuesto, con mi tendencia a hacer volar la imaginación, es obligado que visualice el hemiciclo del Congreso como una gran pista de bailes de salón, o una rave machacona, o un bailódromo tropical.

Al cavilar sobre todo esto me doy cuenta de que no consigo dejar atrás la metáfora de la discusión como una guerra; al contrario, la estoy exportando a la danza. Y esto confirma la propia teoría de Lakoff y Johnson: las metáforas a través de las que vivimos son persistentes. Aún más las fosilizadas, es decir, aquellas que están tan fijadas en nuestra lengua que ya no somos conscientes de su origen metafórico. Pero siguen vivas en lo más fundamental, porque estructuran nuestra forma de actuar, pensar y sentir. Las metáforas detrás de expresiones como «perder el tiempo», «ir por caminos diferentes» o «enamorarse locamente» tienen consecuencias que nos afectan a cada paso que damos, para bien y para mal. Porque andamos sobre poesía fósil mientras construimos la del futuro. Y eso nos hace, a cada uno de nosotros, especiales. Como diría Carl Sagan, somos polvo de verso.

VIII

Siempre me río de la creencia en los fantasmas. Ante cualquier relato de una experiencia sobrenatural, tiendo a burlarme, a evocar la casualidad y la sugestión como el origen irrefutable del evento. ¿Ese silbido? El viento en la chimenea. ¿El crujido? Una cigarra que canta. ¿Los pasos de madrugada? Un ratón sobre el parqué. Pero subsiste en mí el mismo temblor que de pequeña me mantenía en vela por las noches, y a menudo prefiero no escuchar relatos numinosos, no vaya a ser que me los crea y tenga que volver a dormir agarrada de la mano de mi madre.

De niña, uno de mis mayores temores era que alguien me regalara una ouija. Me habían explicado que, si tenías una, ya nunca podías deshacerte de ella, pues ofenderías a los espíritus que la habitan. Alguien lo hizo, me perjuraron, la tiró al contenedor y al día siguiente, al despertar, al abrir los ojos, ¡zas!, se la encontró al lado de la cama. También me advirtieron de que si en la oscuridad de tu habitación decías para tus adentros muchas veces «enciéndete, enciéndete», los espíritus cumplirían tus deseos y la luz se prendería sin humano mediante. Por supuesto, cada noche, cuanto más me esforzaba en no pensar «enciéndete» más pensaba en ello, entre los sudores más fríos, pues no hay nada más terrorífico que no ser capaz de controlar tu mente. Los espíritus nunca hicieron acto de presencia, pero algunos de los momentos más dolorosos de mi infancia están asociados a ellos y al pánico que sentía.

Visto hoy en perspectiva, no dejaban de ser miedos algo ridículos. Temía que un fantasma encendiera la luz, me devolviera un artilugio tirado a la basura. Nada que no hiciera un humano. Nada que tuviera demasiadas consecuencias. Regresar de la muerte para esto. Pero así fueron las pesadillas de mi infancia. Pensaba poco en los peligros materiales de la vida y sí mucho en menudencias sobrenaturales.

Trato de recordar los relatos que mi entorno me ha contado alguna vez y que he recibido con condescendiente escepticismo, y me doy cuenta de que los fantasmas no parecen demasiado poderosos. Como mucho pueden hacer ruidos generalmente sutiles o mover algo de sitio, nunca muy voluminoso o pesado. A veces su gran hazaña es sentirse presentes (noté una presencia, me juró repetidamente un amante ofendido ante mi jocosa incredulidad). Otras son un mero destello de luz, un susurro, un aliento en la nuca. Aunque creamos fervientemente en estas historias, tememos más a los fantasmas por el miedo que son capaces de despertarnos que por lo que realmente creemos que han hecho. El verdadero objeto de nuestro terror es nuestra imaginación.

Quizá por eso las mujeres hemos hecho de los cuentos de fantasmas uno de nuestros géneros literarios preferidos. Sabemos bien que, aun desposeídas de poder y de voz, podemos sembrar una perturbación que crezca fuera de nuestros propios límites.

Las grandes damas de la literatura gótica de finales del siglo XVIII y del XIX crearon un universo donde los más pequeños gestos de espectros y espíritus escondían inasibles dosis de terror. Generalmente esos fantasmas decidían mostrarse solo a aquellos habitantes de sus siniestras casas encantadas con los que compartían subalternidad: mayordomos y sirvientas, mujeres desamparadas o violentadas y niños huérfanos. Al fin y al cabo, ellos también estaban atrapados entre dos mundos, quizá no entre el de los vivos y los muertos, pero sí entre el de una existencia sometida y otra liberada.

No eran solo las escritoras las que sentían predilección por este tipo de narraciones. Las mujeres, las más crecidas y las más jóvenes, pasaban sus horas de lectura entre vientos que aúllan, ecos fantasmales y gemidos de muertos. Encontraban placer en un terror que no les era en absoluto ajeno en una época en la que la opresión contra la mujer era incluso motivo de orgullo. Por supuesto, críticos y académicos mostraron la mayor de las hostilidades. El gótico femenino se consideraba una especie de subliteratura, apasionada y tendente a la exageración, sospechosa siempre. A veces se la despachaba por inmoral, un verdadero atropello al buen gusto, otras por carente de calidad literaria.

Las reseñas de la época, siempre airadas, despreciativas y prepotentes, me recuerdan a la actual ola de críticas a la literatura con ecos autobiográficos escrita por mujeres que puebla las mesas de las librerías y, por fin, los galardones literarios y las listas de los libros más vendidos. Los críticos decimonónicos ya achacaban a las maestras del gótico una emotividad excesiva y un amor por la hipérbole, algo no tan alejado de algunos discursos actuales respecto a la literatura del yo. Porque en ambas formas literarias hay un grito que desborda y que sale del mismo sitio.

Invisibles, atrapadas en las paredes de esas casas victorianas que convirtieron en mansiones encantadas, nuestras antecesoras de los siglos XVIII y XIX solo lograban hacerse ver como espectro. Desposeídas de cualquier voz, únicamente con su irrupción como seres de otro mundo eran escuchadas, aunque solo pudieran articular gemidos. De esta forma conseguían como fantasmas algo del poder que se les negó en vida. Si una cosa tienen los fantasmas es capacidad de resistencia. Cuando crees que los has exorcizado, que esos rituales del espiritista que te han costado un dineral han conseguido expulsarlo de tus aposentos, ¡chsss!, de nuevo ese aliento en la nuca. Y lo que es más importante, no puedes matar lo que ya está muerto. La violencia contra ellos, de poco sirve. El fantasma regresa siempre, y tarde o temprano vas a tener que escucharlo.

Las que escribimos ya desde otro milenio, aun antes de la muerte también estamos atrapadas entre dos mundos. Ese que el mito de la igualdad nos ha hecho creer que habitamos y la realidad de nuestra experiencia. Y es desde ese foso, el que separa el mundo ideal de los derechos supuestamente adquiridos y el del castillo donde se encuentran las mazmorras de la desigualdad y la violencia, desde donde hablamos. Los fantasmas de las escritoras góticas de otros siglos y nuestros cuentos tan a menudo tachados de ensimismados reflejan la misma lucha por ser autoras y narradoras de nuestras vidas y nuestras muertes. Y sabemos que históricamente eso se ha pagado con sangre. Por eso, lo espectral nos sigue a cada paso. Igual que lo monstruoso.

Como la criatura de Frankenstein, buscamos la

expresión propia, literaria y existencial, sin ataduras. Como ella, somos aún para parte de la humanidad, a veces para nosotras mismas, un engendro depravado, un repulsivo demonio, pero, como ella también, alzamos la voz:

> Os lo ruego: escuchad mi historia. Es larga y extraña, y la temperatura de este lugar no es adecuada para vuestra delicada sensibilidad; venid a la cabaña de las montañas. El sol aún está alto en el cielo; antes de que caiga y se oculte tras aquellas montañas e ilumine otro mundo, habréis escuchado mi historia y podréis decidir.

IX

Sentada en el carrito de la mansión encantada de Disney, pienso en esa tendencia a la exageración que despiertan los artefactos culturales de terror. He perdido la cuenta de cuántas veces hemos subido. Podría casi anticipar el orden en el que aparecen los sobrecogedores espectros, el momento exacto de cada crujido, del trueno, del suspiro, estoy segura de que mis hijos también, pero continuamos gritando y riendo, al igual que el resto de los pasajeros, que no puedo ver pero intuyo por sus vociferaciones llenas de espanto.

La colina donde se sitúa Phantom Manor se conoce como Boot Hill, un nombre común a muchos cementerios del Oeste americano y que hace referencia a los indeseables que ocupaban sus tumbas, que morían con las botas puestas en duelos, reyertas o ajustes de cuentas. Es un claro presagio de que nada bueno puede pasar en ese entorno, y se lo cuento a mis hijos. Desde nuestra primera visita a la mansión, quieren desentrañar todos sus secretos. ¿Qué pasó en esa casa?, me preguntan una y otra vez. Les digo que está encantada, pero que no sé por qué. Por supuesto, no se conforman: ¿Un asesinato, mami? ¿Quién mató a quién? ¿Por qué? ¿Cuántos fantasmas viven? ¿Dan mucho miedo? ¿O normal?

Tengo cierta aprensión a hablar de la muerte y lo paranormal con ellos, creo que por cómo me afectaban ambos temas durante mi infancia. Estos días en Disneyland he rememorado ese miedo infantil. A la edad de mis hijos habría sido incapaz de subir a semejante atracción. Mis mellizos me parecen más valientes que esos forajidos que se supone que duermen en las tumbas de Boot Hill. Con la adolescencia, en cambio, fui perdiendo el miedo. Dejé de mirar bajo la cama y en los armarios antes de acostarme por la noche. Cada vez le preguntaba menos a mi madre por los ruidos en el pasillo. Y corría a ponerme de nuevo a la cola cuando salía del castillo del terror del Tibidabo. Pero no perdí esa sensación de vulnerabilidad, de estar a expensas de la voluntad de otro, humano o no.

Mientras mi cuerpo iba adquiriendo unas curvas que ni había pedido ni quería, empecé a fijarme en ese grupo de chicos mayores que me encontraba sentados cada tarde en el portal de al lado de casa cuando llegaba sola de la escuela. Comían pipas y bebían Coca-Cola. Temía que se percataran de mi existencia, de mi soledad. De alguna forma, trataba de hacerme invisible. De no pesar. No estoy, quería gritarles, no existo. A diferencia de mis pánicos infantiles, ellos eran humanos y claramente no podían colarse por las rendijas de ventilación, pero gracias a mi torpeza y lentitud al encajar y girar la llave en la cerradura, no les hacía falta ser espectro. Tenían tiempo de sobra para llegar hasta mí. Mis latidos se aceleraban en cuanto sacaba las llaves, pero mi muñeca se paralizaba y se movía más lenta que las agujas de un reloj. Cuando por fin conseguía entrar, cuando la puerta se cerraba tras de mí y al llegar al ascensor me quedaba quieta mientras esperaba a que bajara, una voz interior me ordenaba no girarme, no mirar atrás, por si descubría la figura de alguno de ellos mirándome fijamente a través del cristal del portal, como si mi mirada fuera a animarle a querer entrar, llegar hasta mí y hacerme cualquiera de esas cosas que aún no era capaz de imaginar pero que ya me producían terror.

Nunca dejaron las pipas ni la Coca-Cola. Ni siquiera me miraron. Ellos no. Pero, como dice Virginie Despentes, «somos el sexo del temor y la humillación», y es raro no recordar el primer miedo como mujer. Yo recuerdo este.

Al llegar a los jardines de Phantom Manor repito invariablemente «Aquí ha pasado algo», «Yo ya noto algo» y otras frases similares que hacen que mis hijos se exciten aún más ante la experiencia que está por venir. Y la música tétrica que sale de un decrépito cenador refuerza mi mensaje. Admiramos las ramas colgantes de los sauces llorones y el púrpura de los ciruelos con el corazón levemente encogido. Media hora de cola servirá para romper un poco la atmósfera, pero a cada minuto aumentará la impaciencia de mis hijos, que siguen preguntando machaconamente cuántos fantasmas hay y cómo murieron. Yo cojo el móvil y me evado un poco. Me lo he ganado. Abro Instagram y me topo con un meme que no puede ser más oportuno. En él se ve al agente Mulder, que protagonizaba junto a la agente Scully la mítica serie de mi adolescencia *Expediente X*. Sobre la foto se lee: «Ya hemos normalizado lo suficiente, ahora paranormalicemos un poco».

X

Con el tiempo he querido abrazar la existencia de los fantasmas que en el pasado tanto temía. Pensado con detenimiento, su aparición debería resultarme reconfortante, porque conseguirían acabar con una de las mayores fuentes de angustia de la humanidad: la posibilidad, convencimiento en mi caso, de que después de la muerte no hay nada, de que el día que fallezca deberé separarme de todo lo que amo, de que mis seres queridos muertos se han ido para siempre y no me acompañan ni protegen de nada. De forma objetiva, parece preferible el escalofrío ante la presencia del espectro que esa negra certidumbre.

Pero nada, no hay manera. Le busco una explicación racional a todo lo que sucede, me burlo de quien no lo hace. Creo que en esa risa no deja de haber cierta aprensión a que los espíritus se venguen de mi incredulidad con un tap tap en el suelo del pasillo por la noche, un ruf ruf en las cortinas, un shsh shsh shsh en el oído mientras estoy en la cama. Pero ni a mí misma soy capaz de confesarme ese miedo. Ante la posibilidad de que mi hogar pueda ser también el de los fantasmas, me agarro a la desesperanzada materialidad de la vida.

Otra de las atracciones estrella de nuestra visita a Disneyland es la montaña rusa que se encuentra en el mismo pueblo del Oeste que Phantom Manor. El espacio recrea una gran mina de oro que, dice la leyenda creada por los guionistas del parque, se asentaba sobre una montaña sagrada de los nativos americanos. Ofendido por el sacrilegio, el espíritu de Gran Pájaro de Trueno provocó un terremoto que las subidas y bajadas vertiginosas recrean a toda velocidad. Soy cobarde por naturaleza. No me gustan las atracciones fuertes, ni los deportes de aventura, tampoco mucho los aviones ni los rascacielos ni nada que me saque los pies del suelo. Pero me subo a esa endiablada montaña rusa, otra de las muchas cosas que haces por los hijos y que te arranca una sonrisa a pesar de la pereza. Así que ahí vamos los tres, en un coche que imita una carretilla minera, que gira poniéndonos totalmente de lado, desciende por la ladera como si de una catarata se tratara, se mete por ríos artificiales y luego por los interiores de la mina, donde aletean mil murciélagos asustados por estruendos y luminosas explosiones de dinamita. Por supuesto, gritamos, hay también miedo e histerismo en la mina, pero no tienen nada que ver con el de la mansión encantada. Al fin y al cabo, una mina es un lugar de peligro, pero una casa, un hogar, especialmente el propio, debería ser todo lo contrario, el refugio contra las amenazas del mundo externo, el espacio de salvación. Y el terror que producen las casas encantadas, esa incomodidad apenas expresable, se basa precisamente en eso.

En cuanto vislumbramos las paredes colonizadas por tétricas enredaderas de Phantom Manor, vuelve la cantinela de preguntas de mis hijos, cada vez más elaboradas:

¿Por qué está enfadado el fantasma?,

¿Qué quiere el fantasma?,

¿Por qué es un fantasma?,

¿Crees en los fantasmas, mami?

Sé lo mismo que vosotros, les repito una y otra vez. Fijémonos bien y descubrámoslo. Poco a poco, a fuerza de hacer colas y más colas y subir una y otra vez a los ya familiares *doom buggies*, vamos reconstruyendo la historia.

El interior de Phantom Manor nos recibe con un silencio sepulcral que se rompe de repente, cuando, mientras aguardamos de pie en un vestíbulo sombrío, se oye un portazo y las paredes se mueven para borrar todo atisbo de salida. La oscuridad se cierne sobre nosotros y una voz femenina se lamenta en un francés que no logramos descifrar, pero que sin duda procede de la ultratumba. Cuando se hace de nuevo el silencio, las paredes se iluminan levemente y aparecen cuatro retratos con sendas parejas, todas con la misma mujer, feliz, a punto de dar el sí quiero. Pero la novia se difumina y desaparece de la foto, y sus prometidos mutan en siniestros esqueletos. Los retratos se convierten entonces en pantallas que relatan sus misteriosas muertes. Finalmente, suena un trueno y en lo alto se ilumina el artífice de estas muertes: el gran fantasma de la casa, el patriarca, que aun después de muerto quería tener la posesión exclusiva de su hija y daba a todos sus futuros maridos finales lentos y dolorosos.

Después de esta revelación, un corredor angosto y tenebroso se despliega ante nosotros.

–Aquí hay que cogerse fuerte de las manos –les digo a mis hijos a cada viaje–. ¿Os habéis fijado en los cuadros? ¿Habéis visto el fantasma en lo alto?

Mientras caminamos por ese pasillo lleno de pinturas cuyas figuras humanas parecen seguirnos con la mirada, vamos juntando las piezas del puzle.

Bajamos por una gran escalinata, cruzamos paredes que simulan ventanales detrás de los cuales acecha una salvaje tormenta y súbitamente el suelo se mueve bajo nuestros pies. Con lo que parece ser la luz parpadeante de una vela, distinguimos las siluetas de los sirvientes de la mansión, vestidos con elegantes capas de terciopelo burdeos a juego con los tapices de la casa. Estos jóvenes empleados conjugan una expresión circunspecta, acorde a la experiencia, con la efectividad: nos apremian a desplazarnos por ese suelo movedizo y subirnos a los *doom buggies* que nos llevarán por los rincones del terror.

Sala tras sala descubrimos que la casa se ha quedado varada en el dolor de la novia que jamás se pudo casar. Hay un gran banquete en el que los fantasmas bailan al ritmo de una siniestra marcha nupcial, hay pasteles fantasmagóricos, y la joven, sin soltar su putrefacto ramo de flores, nos mira desde lo alto con ojos cadavéricos. Después de proferir un espeluznante grito, se arroja desde el techo tratando de acabar con una vida que ya no es vida pero que tiene que soportar para el resto de la eternidad.

Por supuesto, a mí, devoradora de novela decimonónica, esa pobre alma torturada me lleva directamente a Miss Havisham, la mítica vieja vestida de novia de *Grandes esperanzas*, la novela de Charles Dickens. Miss Havisham fue abandonada en el altar décadas atrás por su prometido, y vive desde entonces encerrada en una habitación en la que solo entra la luz de las velas de un candelabro, con el mismo traje de novia que llevaba ese día y que ya nunca se quitará. Tras ella se adivina un reloj que, como su corazón, está parado a las nueve menos veinte en punto, hora en la que le dieron el plantón que le amargaría la vida.

Dickens, el novelista que retrató con detallado realismo las penurias e injusticias de la era victoriana, sucumbió también a los encantos de la literatura gótica y la casa encantada. Satis House, el hogar de esta grotesca novia, posee los mismos rastros de grandeza pasada y la misma atmósfera de maldición que Phantom Manor y todas aquellas mansiones que las narradoras góticas convirtieron en las verdaderas protagonistas de sus relatos. Y muy probablemente es ahí donde residía gran parte de la atracción que sentían las lectoras hacia esos libros. Todo el mundo es capaz de experimentar el terror de que lo más conocido se convierta en amenaza. Pero las mujeres hemos convivido con ello históricamente. La esfera doméstica, el hogar, ha sido el lugar donde el terror se puede desencadenar de la noche a la mañana, donde además solo lo verán nuestros ojos, atrapados entre unas paredes que tradicionalmente al mundo le iba bien no derribar. Las casas han sido ataúdes para las mujeres, para algunas porque es ahí donde les han dado muerte, para otras porque en ellas mueren un poco cada día.

«El hogar, el lugar más peligroso para las mujeres». Podría ser el argumento de una novela de cualquiera de las hermanas Brönte, pero es el título de un informe de Naciones Unidas de 2023.

Es en las casas siempre encantadas que habitamos las mujeres donde se manifiesta como en ningún otro sitio lo siniestro, esa sensación de incertidumbre existencial propia del horror. Sigmund Freud escribió un célebre ensayo al respecto en el que concluía que lo siniestro, cuyo origen está en la palabra alemana *unheimlich* («lejos del hogar»), se produce cuando se funde con su opuesto, el *heimlich* alemán («lo hogareño»). Y sobre eso las mujeres sabemos tanto como toda la Sociedad Psicoanalítica de Viena.

¿Soy la única que, en una situación de sufrimiento, ha sentido la necesidad de irse a casa y se ha sorprendido al darse cuenta de que ya estaba precisamente en ella?

Pero lo que resulta más siniestro de las casas encantadas que hemos habitado las mujeres es que sus puertas cerradas no solo nos han impedido escapar de su opresivo espacio físico, sino también de un estado mental, encerradas en nosotras mismas, en nuestros terrores y limitaciones construidos y reforzados, al igual que las mansiones, con la argamasa del patriarcado.

«Algunas mujeres se casan con casas», escribió Anne Sexton en el primer verso de un poema, que decidió acabar con estos dos:

una mujer es su madre
eso es lo principal.

Sexton sabía bien que las estructuras de las mansiones encantadas tienen una solidez que requiere de generaciones de fantasmas para derribar.

Por eso, mientras giramos una y otra vez en el *doom buggy* de Phantom Manor, además de miedo siento por la novia convertida en espectro una proximidad en la que Freud se hubiera deleitado, al igual que por todos esos fantasmas descoyuntados que tratan de hacerse notar mientras arrastran los pies. Seguramente mis gritos al verlos formen parte de un grito común con ellos, lo que resulta aún más espeluznante.

XI

En los mismos años en que Lakoff y Johnson ponían el mundo patas arriba con su concepción sobre la metáfora, otra teoría, en este caso fantasmal, se unía a la revolución. Una década después de la publicación de *Metáforas de la vida cotidiana*, Jacques Derrida publicaría *Espectros de Marx*, que reivindicó el fantasma como un instrumento de análisis capaz de revelar lo invisible del mundo.

A partir de una lectura del fantasma del padre de Hamlet en la obra de Shakespeare, Derrida define al espectro como una figura preñada de significado. Si Lakoff y Johnson nos demostraron que vivíamos entre metáforas, Derrida nos enseñó que podemos vivir de otra manera, mucho mejor y sobre todo más justa, y que para ello tenemos que aprender a vivir entre fantasmas. Porque ser con los espectros es para Derrida una política de la memoria, de hacer presente lo ausente. El fantasma perturba las fronteras estables, las que separan la vida y la muerte, el pasado y el presente, lo material y lo inmaterial. Es un tercero en la sombra, y en su viaje desde otra época hasta nosotros cuestiona que la Historia sea lineal.

¿Qué me dice esa novia que se arroja al vacío si yo ya habito el paraíso de la mujer emancipada que decide por sí misma? ¿Y por qué desde este paraíso en el que vivo su grito apagado y quejumbroso me llega con tanta nitidez?

Pero me equivocaría si tratara de atrapar el fantasma en un único significado epifánico que me devolviera a Barcelona completamente entera y lozana, porque el fantasma, como yo, nunca permanece estable, nunca es el mismo. Y negar que somos cachitos de tantas y tantas cosas sería un poco negarme a mí misma.

Sin embargo, el mundo está lleno de cazadores de fantasmas, científicos que, armados con cachivaches diversos, han tratado por todos los medios de atrapar lo inatrapable.

Cuando era niña solo había un par de canales de televisión, les digo a menudo a mis hijos cuando, poseídos de inquietud, pulsan el mando a distancia de forma compulsiva. Y ni internet ni nada de eso. Lo que echaban en la tele era lo que veíamos. Y punto. Por supuesto, no me hacen ni caso. Yo tampoco me lo haría. Mientras van subiendo y bajando por esa oferta televisiva sin fin, cavilo para mis adentros sobre cómo los protejo de determinados contenidos y de un exceso de consumo, y sobre cómo yo, en cambio, pasaba las tardes sola frente al televisor mientras mi madre estaba en el trabajo. Desde el prisma actual quizá lo que más me impacta es cómo los viernes y sábados por la noche mi madre, mi hermana y yo nos sentábamos frente al televisor y nos tragábamos cualquier cosa que echaran en la cadena principal hasta que nos entraba el sueño. A veces eran concursos inofensivos, otras películas con algún que otro rombo que no nos perturbaba lo más mínimo. Y pienso, para relajar ese alarmismo que a veces nos invade a los padres, que tampoco he salido tan mal, aunque seguro que más de uno discrepe.

De esas sesiones televisivas familiares, uno de los personajes que aún me acompaña entre la niebla del recuerdo es el experto en parapsicología Fernando Jiménez del Oso. Era un señor calvo y barbudo, con un tripa prominente, que en sus programas de análisis de lo sobrenatural usaba un lenguaje culto y preciso, estremecedor por la crudeza con la que presentaba los diferentes fenómenos. Le añadía un ligero toque de escepticismo que, cuando él mismo lo derribaba, ya había conseguido atraparte en sus creencias. Yo lo escuchaba con una mezcla de aprensión y curiosidad, y al ir a la cama no podía dormir reviviendo sus ceremoniosas palabras.

Recuerdo especialmente un programa que versaba sobre las psicofonías. En él, Jiménez del Oso narraba con voz trascendente la revolución que supuso la invención del magnetófono en la comunicación con los muertos. Ya se podía prescindir de esas médiums en trance y mesas y tableros parlantes, ahora los fantasmas nos hablaban directamente, y encima quedaba constancia de ello en esas cintas que aún hoy se escuchan y analizan hasta la saciedad. El presentador estaba acompañado de cinco o seis hombres, la mayoría expertos en psicofonías, más uno o dos escépticos para dar legitimidad al debate. A juzgar por el plantel exclusivamente masculino, las mujeres nada sabían de eso de grabar a los muertos o de alzar las cejas frente a sus voces.

Un señor con apariencia de cazavampiros explicó una de sus experiencias psicofónicas, que, aunque la recuerdo con nitidez, necesito recuperar hoy para cerciorarme de que no es mi conciencia feminista la que se recrea en una burda invención. Pero no, gracias a la magia de YouTube y los vídeos que suben voluntariosos usuarios, encuentro el programa concreto de ese día y vuelvo a sentarme en el sofá verde de terciopelo de casa, con mi madre a un lado y mi hermana al otro, vuelvo a tener diez años y a temblar ante el semblante grave de Jiménez del Oso y sus acompañantes.

Sobre la mitad del programa, cuando ya empiezo a temer que no haya nada real en mi recuerdo, el cazavampiros, que respondía al nombre de profesor Germán de Argumosa y que fue uno de los más eminentes parapsicólogos españoles, repite la historia y yo la escucho como si fuera nueva. En uno de sus encuentros con el mayor estudioso de psicofonías de la historia, Konstantin Raudive, se toparon con un fantasma juguetón. Mientras se hallaban acompañados por las alumnas de Raudive en la Universidad de Friburgo, dejaron un magnetófono grabando, porque el fantasma aparece cuando menos se lo espera. Al escuchar la cinta, percibieron claramente la voz de un ente masculino que exclamaba «Raudive, quisiera beber de tu vino», para al cabo de poco añadir: «Qué envidia os tengo». El profesor Argumosa achacaba tal afirmación a las ganas del muerto, incluso sin carne ni huesos, de estar acompañado de «esas niñas tan monas». Menudo espectro baboso, pensamos mi yo infantil y el de más de cuarenta, y nos preguntamos al unísono si habrá machismo después de la muerte.

XII

Recuperar al fantasma baboso me ha obligado a escuchar diversas psicofonías, lo que no puedo negar que me ha despertado entre hilaridad e inquietud. A menudo, en los periodos en los que escribo, me dejo notas de voz en el móvil con ideas o referencias que me surgen mientras voy de un lado a otro y no puedo detenerme. Estos días he dejado de hacerlo, preocupada de que al escucharme a mí misma se cruce una de esas voces de otro mundo, quizás incluso la del fantasma juguetón que quería vino y jovencitas, aunque me temo que ya soy demasiado mayor para él.

Porque hay que reconocer que las voces se oyen con toda claridad, y es fácil escuchar lo que previamente te han avisado que dicen. Y de nuevo trato de encontrarle explicaciones científicas, de nuevo prefiero la nada eterna a la presencia fantasmagórica. De acuerdo con algunos escépticos, las psicofonías podrían explicarse racionalmente a través del fenómeno de la pareidolia, que es la tendencia a buscar lo conocido ante algo poco estructurado o difuso. Es ese fenómeno que nos hace ver formas de objetos o animales en las nubes o en esos dibujos extraños de los test de Rorschach. En el caso de las psicofonías, el sonido ambiente, las interferencias electromagnéticas y otros artefactos producirían sonidos que tenderíamos a reconocer como voces humanas y a darles un patrón lingüístico que emite un mensaje determinado. Y no solo le damos una forma conocida, se la damos de tal manera que confirme nuestras creencias preexistentes.

Después de explicar su experiencia con el fantasma baboso, el profesor Germán de Argumosa pasa a narrar cómo en una ocasión un fantasma lo insultó: «¡Decrépito!», afirma que se escuchaba nítidamente en la cinta, a lo cual él contestó «Eso lo serás tú». Lo cierto es que el señor algo decrépito se ve, en parte por la edad, pero sobre todo por ese porte de cazavampiros transilvano consumido por su obsesiva misión. Así que, según los escépticos que se dedican a tirar por el suelo sus ilusiones, Argumosa solo está interpretando ruidos aleatorios según sus creencias.

¿Qué me dirían a mí las voces fantasmales si me atreviera de nuevo a dejar notas de voz? Variaría en función del día, seguramente, pero a menudo «¡Demacre!», «¡Pergamino!». En ocasiones pondrían en duda mi valía maternal, con un contundente «Mala madre», aunque hoy que mis hijos están con su padre y yo frente al ordenador se decantarían seguramente por un «¡Mala escritora!». No les pasaría tampoco por alto cierta tendencia al victimismo con un «Quejica». Pero no habría día en que no me soltaran un «Ridícula», pues de toda la vida cargo con una sensación de ridículo que no sé bien de dónde me viene. Quizá los fantasmas podrían extenderse un poco más en sus comunicaciones y contármelo.

Esa tendencia a buscar lo conocido, lo coherente, y esa imposibilidad de encontrarlo si no es recurriendo a la fantasía, se muestra también en nuestro sistema de metáforas.

Funcionamos con un sistema metafórico, sí, pero a veces dichas metáforas son inconsistentes. Lakoff y Johnson argumentan que a todo humano le tienta la idea de que vivamos en un mundo coherente, y por tanto de que nuestro sistema de metáforas también lo sea. Es comprensible y no hay nada criticable en ello: resulta extremadamente reconfortante pensar que el mundo está exento de contradicción y conflicto, y a veces incluso tenemos que vivir en esa ficción para sobrevivir. Pero la realidad nos dice que esto no es así y que la ficción contraria no puede sostenerse mucho tiempo.

El amor es una guerra, dicen los autores, donde se conquista y se cede terreno, donde se rompen las defensas, pero también es un viaje en el que los caminos se cruzan y se convierten en uno, aunque a veces se transite demasiado; también es magia, esa que en ocasiones se pierde, o una fuerza física que despierta energías gravitatorias en las que acabas girando alrededor del amante, o un impulso de unión que te acaba fundiendo con él. Yo, que voy buscando el amor a veces a rastras y otras con soberbia orgullosa, sé bien que la experiencia del amor no es única, ni siquiera para una misma, y las metáforas que la vertebran tampoco. Generalmente una metáfora nunca es suficiente, nos dicen Lakoff y Johnson, porque cada una proporciona comprensión acerca de un aspecto del concepto y oculta otros. Vivir solo en términos de un conjunto consistente de metáforas es ocultar muchos aspectos de la realidad.

Como el amor, el fantasma tampoco es uno, y es quizás ahí donde reside lo que más nos asusta, pero también su fuerza y la posibilidad de liberarnos de lo que más nos pesa. No parece en absoluto casual que la revolución metafórica y la espectral se produjeran en los mismos años. Porque en ambas cobran inusitado protagonismo la inestabilidad y la contradicción.

En unos años donde la vivienda se ha convertido en un lujo y se especula con ella como si de diamantes se tratara, donde vivimos en pequeños compartimentos, sin rincones que puedan sorprendernos, a mí cada vez me fascina más la idea de la casa encantada y las sugerentes metáforas que de ellas se derivan.

Nuestra casa nos parece un lugar seguro porque creemos conocerla. Un bosque es un lugar de terror, donde una pierde fácilmente la orientación, y ya sabemos que poco pueden hacer las migas de pan para llevarnos de regreso. Pero perderse en la propia casa, esa misma que tú has decorado, es el terror más absoluto.

Yo vivo en un apartamento pequeño, fácilmente escrutable al menor ruido, no hay ala izquierda ni derecha, no hay largos corredores, no hay desvanes ni alacenas. Pero de vez en cuando me aterroriza aún algún sonido no identificado, y como por arte de magia los recovecos de ese camarote en tierra firme se multiplican sin fin.

La primera casa encantada de los parques Disney se erigió en Florida y lleva por nombre Haunted Mansion. La creó el propio Walt Disney en la década de 1960 y es un edificio de estilo neogótico que se inspiró en la que es quizá la casa encantada más célebre del imaginario estadounidense y cuyo misterio residía en su disposición laberíntica. Ubicada en San José, California, pertenecía a una viuda, Sarah Winchester, y hoy es un museo cuyo lema reza «la casa diseñada por los espíritus».

Según cuentan los guías del museo, la señora Winchester, esposa de un acaudalado heredero de una familia fabricante de armas, fue duramente golpeada por la muerte. Al poco de nacer, falleció su única hija, víctima de marasmo, una enfermedad aguda y desgarradora que dejaba al bebé incapaz de digerir. Después le seguiría su marido, que sucumbió por fin a una tuberculosis que fue una presencia sombría durante la mitad de su vida.

Convencida de que su familia estaba maldita, Sarah acudió a una espiritista que le aseguró que todas sus desgracias estaban provocadas por los fantasmas de los muertos por los rifles fabricados por la familia del difunto marido, en particular los nativos americanos, que habían sido masacrados por la que se conocía como «el arma que ganó el Oeste». La única manera de apaciguarlos, según la médium, era construir una casa que nunca se terminaría, una obra sin fin.

Sin dudar de las palabras pronunciadas en trance, la señora Winchester compró una granja que transformó en una mansión y que hoy ya es mito. Según dicho mito, desde medianoche y hasta las dos de la madrugada, la desgraciada propietaria convocaba en una sala a los espíritus para que le dieran instrucciones sobre la construcción de la casa. De acuerdo con esos planos espectrales dictados entre tinieblas construyó una estructura con ciento sesenta habitaciones, repleta de pasillos y escalinatas, muchos de ellos sin sentido ni dirección alguna, trampillas y falsas habitaciones.

El enorme salón de baile que se encuentra en la planta baja sirvió de inspiración para ese de Phantom Manor que hoy me da la bienvenida cuando me precipito girando en mi *doom buggy*, mientras admiro las siniestras telarañas en las ventanas de cristal emplomado presentes también en la casa diseñada por los espíritus.

Creo que ha llegado la hora de que escuche las enseñanzas de Lakoff, Johnson y Derrida y todos los autores que les siguieron en este giro espectral y metafórico, pero sobre todo las de esta novia que se arroja al vacío, las de los gritos desbocados de los visitantes, las de mi propia desazón adolescente y adulta, y las de esas narradoras góticas que amontono en la mesita de noche. El objetivo no es negar el laberinto que nos dictan los fantasmas y apostarlo todo a un espacio seguro a partir de esta negación. Tampoco puedo apoderarme de él. Sé que esta hazaña ya la tengo perdida. No puedo conquistarlo y modificarlo a conveniencia hasta crear un espacio robusto donde los gritos sean ahora los del rigor, la fuerza y el poder. Quizá ninguna de las dos cosas sea ni realista ni siquiera aconsejable.

Me paro a pensar en esas escaleras que dicen que hay en la casa de Sarah Winchester y que no conducen aparentemente a ninguna parte, en ese aplazamiento interminable del fin de la construcción de la casa, y me viene a la mente esa voluntad ciega que nos embarga hoy de cerrarlo todo en nuestras vidas, de darle una clausura perfecta, todo con su causa nítida y su consecuencia, y por supuesto dominado por un yo entero y empoderado, que conoce todos esos caminos que conducen siempre a alguna parte.

Desde el feminismo, queriendo dejar de ser ese «otro» al que el mundo nos ha condenado, a veces hemos caído en ese espejismo del círculo perfecto que se cierra y que vence, y me parece que en el fondo hemos creado otra construcción de nosotras mismas que al final también nos aliena.

Según Derrida y otros teóricos del giro espectral, como Esther Peeren, en lugar de asimilar la alteridad o exorcizarla, quizá podemos convivir con ella, permitir que persista como un enigma y, sobre todo, como una amenaza potencial. Solo así podremos encontrar formas efectivas de agencia dentro de esta fantasmagoría, incluso cuando supongan una rendición.

En unos días regresaré a Barcelona. Y después de este baño de capitalismo y privilegio en el sueño Disney donde mis hijos y yo hemos sido felices, volveré a una realidad amenazada por la precariedad de las grandes ciudades y a la soledad de una madre separada que no consigue encontrar ese amor definitivo en el que, aunque no quiera, todavía cree. Encontraré entonces algo de descanso en formas de placer y afecto muy probablemente forjadas, al menos en parte, al dictado del patriarcado. Y hallaré consuelo en ellas, o diversión, o algo que quizá no podré definir como concepto hasta que dé con una buena metáfora.

Me arrastraré y me erguiré en mis relaciones con el sexo opuesto. Sin duda me invadirá la culpa. Porque yo también he buscado una sexualidad pura, he intentado eliminar de ese laberinto que es mi deseo cualquier camino con gravilla de machismo y las heridas que ha dejado en mí. Pero hace tiempo que sé que las metáforas no son consistentes, y hace tiempo que las metáforas que construyo para explicarme esta inconsistencia, como hago ahora mismo en este texto, me ayudan a soportar esa carga y vivir con menos miedo.

XIII

La misma pareidolia que explicaría las psicofonías podría encontrarse detrás de uno de los grandes fenómenos paranormales de la historia reciente de España: las caras de Bélmez. Esos rostros fantasmagóricos, que empezaron a aparecer un día de principios de la década de 1970 en una pared de una casa de un pueblo de Jaén, están indisolublemente ligados a mi infancia. Jiménez del Oso le dedicó múltiples programas, que mi madre, mi hermana y yo mirábamos con sorpresa ante lo nítidas que nos parecían las facciones de esos rostros parduzcos. De camino a la escuela me los reencontraba a menudo, bien visibles en el quiosco, en las portadas de la siniestra revista *Más Allá*, que cada cierto tiempo anunciaba una nueva aparición, una nueva prueba irrefutable de su origen sobrenatural. Aún recuerdo cómo mi madre, los días de intensa lluvia, ante las goteras habituales en mi casa con ese clima, se apresuraba a buscar un cubo para poner debajo del goteo constante mientras bromeaba acerca de la posible aparición de una cara de Bélmez en medio de la ciudad de Barcelona. Porque esta fue, la humedad, una de las explicaciones que se dio al tenebroso fenómeno.

Para unos, esas caras no eran más que un fraude pergeñado por la dueña del inmueble en busca de protagonismo y algo de ingresos; para otros, en cambio, eran una llamada desesperada de los muertos inquietos que yacían en el cementerio andalusí sobre el que se erigía la cocina de la casa. Pero había un tercer grupo, el de esos que no querían creer en la maldad humana pero tampoco en los espectros, que defendían que no eran más que manchas de humedad provocadas por una corriente subterránea que fluía bajo los cimientos del edificio. La pareidolia y el deseo de trascendencia del ser humano se encargaban del resto.

En mi familia teníamos nuestras propias caras de Bélmez. En mi casa siempre se me ha comparado con mi tía Alba, no tanto por cierto parecido físico como por esa tendencia nuestra a la ansiedad y la neurosis. No eran pocas las veces en que mi tía era presa de una profunda angustia cuyo origen estaba en cualquier motivo que pudiera despertarle preocupación: el bienestar de sus hijos o la seguridad del trabajo, los agujeros en la capa de ozono años atrás y el calentamiento global más recientemente. El zumbido de una mosca, el crepitar de la lumbre, el aleteo de un gorrión. Cualquier mínimo sonido le bastaba para trasladarse a esa tierra de inquietud donde el ensimismamiento en el dolor propio le hacía creer que solo ella la habitaba.

«Igual de lánguida que tu tía Alba», me dice mi madre cuando viene a visitarme y me ve tirada en el sofá con la mirada fija y probablemente en esa misma tierra de inquietud a la que viajaba mi tía. Entonces saca de su chistera algún relato de locura de Alba, que me ancla a su voz maternal y de nuevo al presente, y regreso por un momento de países extraños. Mi madre sabe bien que no hay nada que me guste más que una buena historia de mujeres locas. Mi preferida, y la que me ha narrado en no pocas ocasiones, sucedió antes de que yo naciera y durante un episodio de angustia tan agudo que mi tía acabó postrada en la cama varios días. Desde allí, y siempre según mi madre, tenía alucinaciones en las que veía caviar en las paredes. Cada vez que me lo cuenta lo hace de forma distinta, cambiando detalles sustanciosos, por lo que he llegado a dudar incluso de su veracidad. Mi madre tiene vocación de escritora, pero como no ha tenido la posibilidad de ejercitarla sospecho que la practica en la oralidad. En lo que sí coinciden todos los relatos del episodio es en que, en plena crisis y en aquel lecho rebosante de ansiedad, Alba aseguraba que la pared frente a la cama, moteada de manchas de humedad, estaba llena de caviar, y preguntaba entre sollozos quién la había embadurnado con semejante material.

A mí mi tía atrapada en una cama y delirando sobre las formas en las paredes me recuerda a la protagonista de *El papel pintado amarillo*, el relato gótico escrito en 1892 por Charlotte Perkins Gilman y convertido en un clásico feminista. Recuperado en la década de 1970 por la emblemática Feminist Press, es hoy un best seller que ha moldeado el imaginario de generaciones de lectoras.

Como buen cuento victoriano, sucede en una casa encantada, a la que la protagonista y narradora se ha mudado junto a su marido después de dar a luz y sufrir una crisis nerviosa. Su médico, presumiblemente poco dado a la empatía, le ha prescrito cura de reposo y para ello la han encerrado en una habitación, antes cuarto de juegos infantiles. Allí pasa los días en una cama clavada al suelo, con la prohibición de realizar cualquier actividad intelectual, especialmente la escritura, a la que nuestra protagonista es aficionada. Encarcelada, empieza a descubrir en el papel pintado amarillo de la pared extrañas formas, que poco a poco se van revelando como el rostro de una mujer atrapada tras unos barrotes. Una mujer de ojos bulbosos, que no parpadean nunca, una mujer que trepa por esos barrotes y los sacude con fuerza, pero que no consigue salir del asfixiante dibujo.

En un desenlace lleno de fuerza, la protagonista arranca el papel de la pared y su siniestra prisionera puede por fin escapar arrastrándose hasta la ventana, donde se encuentra con otras mujeres que se mueven, igualmente, a rastras. La protagonista, también por los suelos, se pone a dar vueltas frenética por la habitación. Solo así consigue por fin mirar por encima del hombro a su marido y carcelero, que no puede soportar semejante visión y cae desvanecido:

> Pero ¿por qué se desmayaría aquel hombre? Pues eso exactamente es lo que hizo, y precisamente en medio de mi camino, junto a la pared; así que ¡en cada vuelta me vi obligada a arrastrarme por encima de él!

El relato está basado en la propia experiencia de la autora, que fue sometida a una cura de reposo contra su voluntad después de convertirse en madre. Tal como ella afirmó, con su escritura quiso advertir de cómo las prescripciones psiquiátricas de la época dañaban aún más a las mujeres, sometiéndolas como niñas y negando su autonomía para decidir cuál es la mejor forma de abordar su malestar.

A mí lo que más me gusta de esta obra es que tanto la protagonista como la mujer atrapada en el papel pintado consiguen su liberación como esos gusanillos de tierra que afirma la fierecilla domada de Shakespeare que somos las mujeres. Me siento parte de esas señoras terroríficas que salen de las paredes y se arrastran por los suelos mientras tratan de buscar su lugar en el mundo. Nunca me he identificado con las grandes diosas creadoras de la civilización que ha recuperado la mística feminista, tampoco con las Juanas de Arco que han dirigido con su heroísmo a ejércitos hasta la liberación. Yo he sido más de arrastrarme, de caminar sobre el vientre y morder polvo, y creo que en eso, al igual que en el cuento de Gilman, somos unas cuantas. A pesar de la humillación que supone que, como afirma la protagonista, te vean por los suelos a la luz del día, hay también algo revolucionario en esa abyección, porque es colectiva, porque se reinventa a partir de los jirones del papel que nos tenía presas, y porque carece de esa épica masculina a la que renuncié hace años.

XIV

De algún modo puedo entender que a la protagonista de *El papel pintado amarillo* la pareidolia le hiciera ver a una mujer tras unos barrotes en la pared. La metáfora de su neurosis es bastante transparente en un mundo en el que hemos sido apresadas de mil maneras, mucho más si hemos cargado con la etiqueta de locas. Pero ¿y Alba? ¿Por qué caviar? ¿Por qué no otra cara de Bélmez, que al fin y al cabo tenía tan a mano? Pienso a menudo en este delirio de mi tía, trato de descifrar qué proceso mental lleva a una funcionaria de Barcelona aquejada de problemas nerviosos hasta una alucinación protagonizada por lujosas huevas de esturión. Quizá se trate de una simple anécdota escondida en algún recoveco de la mente que la atacó justo entonces, o tal vez haya un secreto en la biografía de mi tía, una historia de amor en alcobas moscovitas donde, entre jarrones de porcelana antigua y cajas de marfil talladas, disfrutaba del suculento manjar en compañía de un apuesto caballero ruso. Aunque lo más probable es que nunca llegue a saber el porqué de este delirio, que sin embargo me fascina.

Thomas Aitken, director a finales del siglo XIX del manicomio escocés de Inverness, afirmó que «es posible escribir la historia de una época a partir de los delirios de los pacientes ingresados en los manicomios». Esta convicción le surgió al leer la sugerencia del célebre psiquiatra Jean Étienne Dominique Esquirol, que, después de tratar a centenares de lunáticos durante la Revolución francesa, afirmó que podría escribir una crónica completa del episodio revolucionario solo a partir de los miedos y delirios de sus pacientes. Desafortunadamente, no llegó a hacerlo nunca. Quizá no habría sido la crónica más veraz, pero sí la más literaria. La mente en la locura se inclina más hacia la poesía que la mente cuerda y, sobre todo, hacia la metáfora. La metáfora importa en la locura. Importa tanto que podría decirse que es su material principal, tocho y mortero, la nueva lengua materna de la mente que ha enloquecido.

En una de mis muchas investigaciones sobre locura y locas, tropecé con el historial médico de la señora Wright, una coetánea mía, de aproximadamente mi misma edad. Casada desde hacía más de diez años, fue ingresada por un episodio de anorexia nerviosa que puso en peligro su vida. Al recibir el alta, su marido le comunicó que quería el divorcio, y ella tuvo que mudarse a un nuevo piso y reconstruir su vida. Desde aquel momento, acudió en diversas ocasiones al médico por un dolor crónico y una perturbadora «sensación de flotar». Se la derivó al neurólogo, que sugirió que la deficiencia nutricional propia de los trastornos de la conducta alimenticia le había provocado daños nerviosos. A causa de esos daños habría perdido la percepción de las propias piernas y no podría localizar sus pies sin mirarlos. Pero ninguna prueba clínica pudo demostrar una causa fisiológica a semejante perturbación.

La señora Wright cada vez tenía más dificultades para caminar, pues sentía que el suelo se le escapaba de debajo de los pies y necesitaba inclinarse constantemente hacia atrás, lo que con los días le provocó lo que ella definió como un «dolor corporal total». Según las notas de su terapeuta, solo la construcción gradual de un nuevo hogar le permitió volver a poner los pies en el suelo y librarse de esa sensación de flotación. En cuanto se sintió más estable, apareció la amargura, que se manifestó entonces físicamente con una dificultad para moverse contra la resistencia de sus músculos.

El lenguaje de la señora Wright, el de su mente y su motricidad, me parece de una exactitud terrible. Al fin y al cabo, como la novia cadáver de Phantom Manor, ella también estaba atrapada entre dos mundos, el de su pasado como amada esposa y el de una nueva vida en soledad. Por muy viva que estuviera, la señora Wright no dejaba de ser también una especie de espectro. En un mundo en el que nos han dicho que ser amadas hará de nuestros fragmentos dispersos un todo feliz, ni el fantasma victoriano ni la señora Wright consiguen poner los pies en el suelo. Yo, que atravieso casi permanentemente un estado crónico de desamor, me siento tremendamente cercana a esta heroína espectral del mundo Disney y a esta loca contemporánea, supongo que por esa pulsión egocéntrica que hay en mis neurosis y ansiedades. Porque su dolor habla un poco de mí y, al verlas ahí, en esa flotación por no ser amadas, eternamente vestidas de novias, me reconozco menos sola en el aire.

El último día en Disneyland vamos a la sala de los espejos. Es una atracción que me interesa más a mí que a mis hijos y, en un mundo donde los filtros de Instagram les han quitado a tan temprana edad el efecto sorpresa, ríen más para contentarme que por diversión. Mientras vamos moviéndonos por esos pasillos repletos de cuerpos deformes y sonrisas insólitas, me mareo. Apoyo las manos en las paredes para sentir el suelo un poco más firme. Mis hijos me preguntan si estoy bien. Cómo decirles que a veces yo también vago errante, en una caída perpetua como el fantasma de Phantom Manor, en un dolor corporal total. Que, igual que ellos, querría quedarme para siempre en estos castillos donde dagas y dragones son de mentira, donde el oro y la seda tampoco son reales, pero es fácil caer en la fantasía de que sí.

Mi pareja, a quien conocí poco después de separarme de su padre y con quien mantengo una relación complicada, me ha pedido un tiempo para decidir si quiere seguir a mi lado. El filósofo John Austin creó el neologismo «performativo», del inglés *to perform*, para referirse a aquellas expresiones que en el momento mismo de ser enunciadas realizan una acción. Quizá no haya lenguaje más performativo que el de la ruptura amorosa. Imagino a mi novio al poco de llegar a casa, con mis hijos ataviados aún con las diademas de las orejas de Mickey, pronunciando un contundente me voy. Todo lo que haría una frase de tan solo dos palabras. O, más bien, todo lo que desharía. Me parece que hasta puedo escuchar su voz en la distancia y siento una náusea capaz de hacerme vomitar un río entero.

Tranquilizo a mis hijos, que me miran asustados, y les digo que solo necesito sentarme un momento y reposar, y así lo hacemos cuando conseguimos salir del laberinto. Entonces, con voz calmada y algo misteriosa para no romper la atmósfera lúdica, sentencio: Ya estoy mejor. Solo necesitaba descansar. El cuerpo, como los fantasmas, habla, solo hay que escucharlo.

XV

A los pocos días de llegar a casa desde Disneyland debo partir de viaje a Buenos Aires, donde voy a asistir a un festival literario. Mi relación continúa en ese limbo donde mi pareja no se pronuncia acerca de nuestro futuro. Los silencios también pueden ser performativos, no sé si Austin dijo algo al respecto.

Cuando les recuerdo a mis hijos que en pocos días me voy a Argentina, se revuelven en el sofá en el que están apoltronados. Nos dijiste que no ibas a viajar más, protestan, y es cierto que lo hice, pero, de nuevo, era una forma de hablar, no me refería a nunca más en la vida, sino a que mi trabajo no iba a consistir en viajar cada semana como antes. Pero eso no les vale.

–Ir a Argentina es un viaje, ¿no? Pues nos mentiste.

Durante unos días negocio con mi culpa, con su inquietud por mi partida, de la que se olvidan la mayor parte del tiempo pero que a veces les golpea como un destello que ilumina el para ellos incontestable hecho de que su madre les mintió.

–Son muy pocos días. Una semana. Nada –trato de tranquilizarlos.

–Una semana es mucho. ¿Cuántos días hay en una semana? ¿Cuántas horas? ¿Cuántos minutos?

7 días. 168 horas. Más de 10.000 minutos. Un robo a mano armada. A menudo olvido que su forma de sentir el tiempo es diferente a la mía.

Cuando ya estoy con la maleta en la puerta, mientras Àngels, su madrina, consuela a la niña, que insiste en que no quiere que me vaya, mi hijo se me acerca y serio, compasivo, con una mirada de niño que se sabe ya grande, me dice:

–No te preocupes. Vete. Pero cuidado, que no te atropellen.

Y entonces me vuelvo pesada. Siento toneladas de mí sobre unos pies capaces de hundir el suelo. He intentado no transmitirles a mis hijos toda esa angustia que comparto con mi tía Alba, esa preocupación constante ante los peligros del mundo, y he fracasado.

En el aeropuerto, ya en la cola del embarque, le pongo a mi pareja un mensaje en el que le cuento lo que me ha dicho mi hijo. Me contesta con un escueto: «Hostia, es como tú». Me limpio un par de lágrimas con la manga del jersey mientras me siento la mujer más incomprendida del mundo, una especie de mártir del amor y la maternidad, y pongo el modo avión.

Cuando despegamos, observo el mundo de mi infancia convertirse en una pequeña maqueta. Las playas en las que me bañaba, las carreteras por las que llegábamos a ellas, y ese río para mí siempre algo inmundo, el Llobregat, poco caudaloso y de tonos amarillentos. De pequeña yo solo conocía una de sus dimensiones, la urbana e industrial, pero después supe que en su largo recorrido también es vida, cascada y rumor. Y mito. Según cuenta la leyenda, su nacimiento se debió a la maldad de una bruja, para más señas, extranjera. El noble Hug de Mataplana, señor de la Pobla y de Castellar, se quería casar y acabó eligiendo una mujer venida de otras tierras. Él era un hombre bueno, pero ella era una pérfida envidiosa. Tuvieron una hija terriblemente fea, de cabello rojo y ojos saltones. Su madre quería que fuera la más bella de la región, y no estaba dispuesta a aceptar la realidad que la naturaleza había creado. Entonces, decidió que arrojaría a todas las niñas al fondo de un agujero muy hondo que había en una cueva en Castellar de n'Hug, cerca del castillo de su noble marido. Si su hija no podía destacar entre todas las mujeres de su edad, sería la única. Las noches de tormenta le gustaba acercarse y escuchar el llanto de sus presas. En una ocasión en que no lograba percibirlo, se asomó tanto al vacío que se precipitó dentro. Pero ni las profundidades querían a esa malvada mujer, y de la cueva surgió un río entero para expulsarla. Sus aguas son las lágrimas de todas las niñas encerradas, y su tono bermejo se debe a la fuerza que tuvo que hacer la tierra para expeler de sus entrañas toda la mezquindad de la bruja.

Desde arriba, cuando el río parece ya solo una vena casi imperceptible de un brazo cada vez más gigante, intento reconocer ese color rojizo que jamás le he visto. Para mí siempre ha sido amarillo, algo negro incluso por las manchas de alquitrán que, cuando yo era pequeña, antes de que contara con las depuradoras que hoy lo protegen, se acumulaban en su superficie.

Las mujeres hemos sido constantemente carne de metáfora, de mito. La maldad y la envidia tienen verrugas y nariz de bruja. Hemos representado el lado más oscuro de la humanidad, pero también el que está por explorar.

En 1492, mientras Cristóbal Colón surcaba el mar caribeño en busca de las Indias, su brújula dejó de funcionar. Empezó a dudar entonces de que la Tierra fuera realmente redonda. La vegetación del golfo de Paria, verde y exuberante, y su clima suave, le llevaron a creer que estaba cerca del paraíso terrenal. Pensó entonces que la Tierra tenía forma de pecho de mujer, con una protuberancia en su cima que se asemejaba a un pezón y que era donde se encontraba precisamente ese edén.

La mujer es la tierra que tiene que ser conquistada, y la colonia será la mujer que deba ser sometida, vejada y violentada.

Yo, que surco el cielo por encima de ese mismo Atlántico que cruzó el conquistador, sobre el pecho y el pezón cósmicos con los que soñó, pienso que no me extraña que las feministas hayamos renegado tan a menudo de la metáfora y hayamos querido pegarnos a la materialidad extrema, que como la poeta Adrienne Rich hayamos gritado ese «No soy el campo de trigo ni el bosque virgen». Que hayamos huido de lo figurado, lo incierto, hayamos apelado a la razón y hayamos tratado de iluminar hasta el más mínimo vestigio de oscuridad. Durante demasiados años, la metáfora se ha usado en nuestra contra. Ayer y hoy, los ejércitos violan a las mujeres para simbolizar la victoria frente al enemigo. Pero que sea un símbolo, que la agresión sexual sea el complemento a la bandera que ondea sobre el territorio sometido, no le quita un ápice de realidad.

XVI

En su estudio sobre las metáforas, Lakoff y Johnson tratan de desentrañar por qué hay determinadas metáforas conceptuales que son comunes a culturas y lenguas tan diversas. Por ejemplo, en este avión, de paseo entre las nubes, a más de diez mil metros de altura, aún con algo de lágrimas en los ojos, siento que tengo la moral por los suelos, estoy abatida, en un pozo, un agujero. Las palabras de mi hijo reverberan en mi cabeza: Y si me atropellan, que hará sin mí, pero y si no me atropellan, que hará con una madre tan inútil que solo ha sabido transmitirle angustia, y qué forma de consuelo es esa de decirme que mi hijo es como yo cuando yo soy probablemente lo que más odio en el mundo. No es que haya tocado fondo, ni mucho menos, pero tengo un bajón considerable y debería tratar de levantar el ánimo; al fin y al cabo, me voy a un viaje de ensueño. Lakoff y Johnson definen esta serie de metáforas conceptuales que acabo de enumerar como «Feliz es arriba, triste es abajo». Si lenguas tan diversas como el inglés, el chino mandarín o el húngaro las comparten, nos cuentan, es porque se basan en una experiencia física común: «una postura inclinada acompaña característicamente a la tristeza y la depresión, una postura erguida acompaña a un estado emocional positivo». Porque el conocimiento no se adquiere ni se procesa en el vacío, y cuando sucede algo también lo experimentamos en el cuerpo. Así, nuestras interacciones corporales con el mundo que nos rodea motivan las expresiones metafóricas de conceptos abstractos y emociones. A este tipo de pensamiento los autores lo llaman «realismo encarnado», una expresión de una certeza atronadora. Huyen así de la visión objetivista, que afirma que existe una verdad absoluta e incondicional, pero también de la versión alternativa, la subjetivista, que defiende que la verdad se obtiene solo a través de la imaginación, independientemente de las circunstancias externas.

Aunque sé que ahora mismo debería tratar de subirme la moral, de pensar en los días que me esperan y poner mi ánimo a la altura del avión, necesito recrearme en este desaliento, no por masoquismo, tampoco por victimismo, sino porque siento que hay algo ahí que debo escuchar, pero necesito hacerlo acompañada. Hablo de compañía pero a la vez lo que quiero ahora es estar sola, y esta contradicción solo la salvo con la literatura.

Creo que estuve encantada
Cuando era una niña sombría –
Leí a esa Dama Extranjera –
Sentí hermoso – lo Oscuro –.

La poeta Emily Dickinson confiesa en estos versos cómo la lectura de una dama extranjera, que la crítica ha identificado con la poeta británica Elizabeth Barrett Browning, la acompañó en su soledad y le hizo ver la belleza de la oscuridad. A mí, ha sido la propia Dickinson quien me ha hecho dar los buenos días a la medianoche, y lo ha conseguido sobre todo a través de su siniestra imaginación metafórica.

La poesía de Dickinson es un despliegue de metáforas que desorganizan nuestro sentido común, nos desplazan, nos desvían de nosotras mismas y de las ideas hegemónicas de nuestro entorno y paradójicamente nos permiten a muchas encontrarnos. Quizá porque ha sido definida por críticos y académicos como tendente a la hipérbole, la afectación y el melodrama, quizá porque en sus fotos reconozco algo en la mirada de mi tía Alba, yo estoy entre esas muchas afortunadas.

Cuando mi madre me acusa de parecerme a mi tía Alba, siempre añade: «el mismo humor sombrío». Porque las emociones positivas se han relacionado tradicionalmente con la luz, y las negativas con la oscuridad. Hay infinitas metáforas conceptuales al respecto. Pero, en cambio, es en la noche y sus tinieblas donde Dickinson encuentra la paz, y en el día y en el sol el dolor.

El Sol golpeó con su Látigo Amarillo
Y espantó a la Niebla –.

La luz del día es la violencia que aniquila el rocío, el sol deslumbra pero quema y abandona. Y la oscuridad es el refugio frente a esos rayos que no son de fiar.

Lo masculino siempre se ha identificado con la actividad, el sol y el día, y lo femenino con la pasividad, la luna y la noche, y quizá por eso la poeta, igual que sus coetáneas escritoras y lectoras de literatura gótica, solo es capaz de encontrar su lenguaje como miembro de lo que ella misma llama «razas criadas en la oscuridad». En sus poemas hay ratones que roen a altas horas de la madrugada los cimientos de la casa del padre, o pequeñas arañas que se pasan la noche tejiendo para que una escoba diurna destruya su obra por la mañana.

«¿Tienes miedo al sol?», le preguntó a su amiga Kate en un carta.

Porque el sol tiene un plan amarillo, prosaico e imperativo, que limita nuestra expresión. Y si la racionalidad del día, todo el poder y cordura del astro de fuego, nos expulsa de su reino, estaremos estar de acuerdo en que a lo mejor no merece la pena y sí en cambio nuestro desprecio:

El Crepúsculo se detuvo sobre las Casas de
Campo
Donde el Crepúsculo debe detenerse
Por traición no Suya, sino de la Vida
Que se fue hacia el Oeste, Hoy –

El Crepúsculo se detuvo sobre las Casas de
Campo
Justo donde comienza la Mañana
¿Qué diferencia haces, después de todo,
Tú, Sol altanero?

Hacia donde la poeta se inclina, y hacia donde me inclino yo con ella, es hacia una nueva luz, la de las lunáticas, que lejos de la tiranía del sol nos permite escucharnos y ser con las tinieblas. El mensaje de Dickinson y de la literatura es entonces de una fuerza atroz. Por mucho que nos hayan hecho creer lo contrario, podemos darle la espalda a un sol cuyos rayos nos han juzgado y castigado, y construir en las tinieblas un paraíso.

Da igual que escribamos o no nuestras poesías, que no las hagamos rimar, podemos utilizar nuestra propia experiencia para remodelar nuestras metáforas, y nuestras metáforas pueden a su vez remodelar nuestras experiencias individuales, incluso la cultura de la que formamos parte. A eso Lakoff y Johnson lo llaman la «profecía autocumplida de la metáfora».

XVII

Cuando llego al aeropuerto, un taxi me lleva hasta el hotel que el festival ha elegido como mi hogar durante los próximos días. Se encuentra en el barrio de la Recoleta, un lugar privilegiado que, como ya me advierte el taxista, me ofrecerá una visión muy sesgada de Argentina: el noventa por ciento de las propiedades del distrito son heredadas, me cuenta. Y las avenidas bordeadas de árboles y opulentas fachadas que veo al acercarnos al hotel me confirman sus predicciones. A mí el nombre de la Recoleta me es familiar por el cementerio que lleva el mismo nombre, y de cuya existencia supe por un libro de Mariana Enriquez, *Alguien camina sobre tu tumba*, y en el que se confiesa enamorada para siempre de los paseos por la muerte. Su recorrido literario por este cementerio bonaerense me quedó grabado en algún rincón de la mente que de repente se activa. Le pregunto al taxista por su ubicación y, mientras abre el capó para darme la maleta, me dice, señalando una majestuosa entrada:

–Está justo detrás de su hotel.

Me alegro al comprobar que me han ubicado en una habitación alta y, cuando subo, en cuanto cierro la puerta, sin ni siquiera colocar la maleta ni soltar el pesado bolso que me ha acompañado todo un océano, descorro las cortinas y admiro las espectaculares vistas al cementerio: una miríada de bóvedas grisáceas bajo las que intuyo miles de mausoleos y tumbas que sepultan otras tantas vidas. Trato de desentrañar lo que desde arriba parece una telaraña de callejuelas que me muero por recorrer. Miro la hora y ya es casi de noche, por lo que tendré que esperar a la mañana siguiente. Entonces sí, dejo el bolso en el suelo y deshago la maleta.

Cuando me meto en la cama estoy ansiosa, me digo que por el viaje, por el cambio horario, que es normal y no pasa nada. Pero yo sé que lo que subyace en el fondo son las palabras de mi hijo, un detalle sin importancia para la mayoría, que estoy exagerando como de costumbre, pero que a mí me ha puesto de nuevo en contacto con la existencia de esa muerte que trato de negar, y con la cascada de consecuencias que tendría que ese coche me atropellara. La de la guadaña llamando a la puerta de mi imaginación otra vez. Me obligo a no pensar en ello, a regresar a este sitio de privilegio. Pero, como dice Emily Dickinson, «No arrojaremos el Puñal – / Porque amamos la Herida –». Y finalmente, arrullada por el pánico a la muerte, consigo quedarme dormida.

Me despierto en mitad de la noche y la veo. Es mi madre, con su silueta de mujer vieja pero con una energía que no se corresponde a sus años. Entra en la habitación y se pone a ordenar el desastre de libros y papeles que he esparcido sobre la mesa. Quiero ir hacia ella, preguntarle qué hace en Buenos Aires, pero no puedo moverme. Trato de incorporarme, pero estoy bloqueada. Entonces mi corazón se acelera, porque me doy cuenta de que tampoco puedo respirar de forma normal. Siento que algo me oprime el pecho y me impide respirar y cada inhalación me supone un esfuerzo titánico. En la habitación hay luz porque mi madre, como de costumbre, ha encendido todas las lámparas, pero yo estoy en las peores tinieblas. Cada intento por moverme me quita un poco de aire, y no voy sobrada, por lo que me conformo solo con mover un dedo, de forma rítmica. No dejo de hacerlo porque espero que mi madre lo vea y me rescate de esta parálisis, que no es nueva, pero que no por conocida es menos espantosa. Mi madre sigue con sus labores hacendosas, ajena al horror en el que me hallo, al infierno al que he descendido por un tiempo que me parecen siglos pero que la ciencia dice que no es superior a dos minutos. Por fin consigo moverme, me incorporo con un grito sordo y mi madre se ha desvanecido, como la luz, y me encuentro de nuevo sola en la oscuridad.

Acabo de sufrir un episodio de parálisis del sueño, una alteración del ciclo del sueño que padezco desde que era niña. Cuando mi madre me llevó al médico por primera vez, este me dio la explicación científica. En una noche normal, mientras dormimos, pasamos por diferentes etapas. Durante la del movimiento ocular rápido, denominada MOR, se producen los sueños más vívidos. Por eso los músculos del cuerpo están paralizados, para evitar realizar las acciones motrices que soñamos. Pero en un episodio de parálisis del sueño algo sale mal, y el cerebro se despierta pero tu cuerpo no, por eso no puedes realizar ningún movimiento por mucho que lo intentes.

Lo que el médico no me contó, y yo descubrí con el tiempo, es que en esos episodios hay dos estados de conciencia que se mezclan, el del MOR y el de la vigilia, por lo que las imágenes del sueño se cuelan en la conciencia despierta. Entonces se producen alucinaciones de todo tipo, visuales, táctiles o sonoras. Como a menudo se siente dificultad para respirar y una sensación de opresión en el pecho, no son pocas las personas que sufren esta afección que aseguran ver a brujas o seres monstruosos posados encima de ellos. Por eso en algunos lugares se le conoce como el «síndrome de la bruja nocturna» o la «subida del muerto».

En Brasil es la «pisadora» y en los países árabes se le llama directamente «djinn», como a esos espíritus elementales capaces de materializarse.

Según los escépticos de los fenómenos paranormales, muchos de los contactos con seres de otros mundos que experimentan algunas personas, a pesar de que ellas los sientan tremendamente reales y por tanto juren y perjuren que no dormían, no son más que alucinaciones producidas durante la parálisis del sueño.

Cuando me despierto en esa habitación bonaerense, cuando me repongo del terror vivido y pienso que hacía meses que no me pasaba, me pregunto de nuevo el porqué de mi resistencia a lo sobrenatural. ¿Por qué mi mente no ha elegido a uno de esos miles de muertos que yacen a pocos metros de mí? ¿Por qué ha optado por lo más material, lo más conocido, una madre haciendo las tareas de casa?

A pesar de que es un fenómeno bastante común, quien no haya sufrido la parálisis del sueño puede acercarse al horror que se experimenta a través de un cuadro que Johann Heinrich Füssli pintó en el siglo XVIII, titulado precisamente *La pesadilla* y que, según se dice, representa uno de estos episodios. En él, un íncubo se posa sobre una mujer dormida mientras un caballo de ojos inquietantes contempla la escena. La parte inferior correspondería a la realidad, y la superior a lo soñado. El inconsciente de la joven, de una blancura radiante, ha creado una escena onírica sobrenatural llena de erotismo. Yo, en cambio, me pego a la cotidianidad más humana.

Me levanto y salgo a un pequeño balconcito desde el que observar el cementerio. El viento sopla a ráfagas y trato de escuchar, entre una y otra, un suspiro de otro mundo, me esfuerzo al máximo para que los muertos me hablen y me digan que después del temido atropello podré seguir vagando cerca de los que quiero. Pero a lo sumo consigo distinguir el zumbido soporífero de un mosquito, el temblor de las almenas del camposanto. Miro al cielo y empiezo a contar las estrellas, un año por cada una. ¿Y si llego a los novecientos sesenta y nueve, como Matusalén? Me conformaría con los ochocientos de Adán. Noto que empieza a sugestionarme ese gemido del viento, que ya es demasiado lúgubre. Temo que el balcón se hunda y yo caiga directa al reino de los muertos sin necesidad de coche fúnebre. Interrumpo el conteo de estrellas no sin cierta aprensión a que mi vida se interrumpa también en esa cifra. ¿Cómo se puede aunar tanta superstición y tanto escepticismo en un único instante? Y regreso a la cama.

XVIII

En estas primeras décadas del siglo XXI hay una especie de renacimiento del amor por lo fantasmagórico. El compromiso contemporáneo con los fantasmas puede explicarse a través de su función social de proporcionar explicación o catarsis a sucesos aterradores. En el punto álgido de la incertidumbre por el brote de COVID-19, la popularidad de las películas de terror experimentó un impresionante aumento. Y en la literatura contemporánea, especialmente en la firmada por mujeres, algunos de los mejores libros se sitúan en un atmósfera gótica. En un mundo que se enfrenta a pandemias, agitación social y calentamiento global, no es sorprendente que la gente recurra a lo espectral en busca de consuelo. Se dice que el auge de lo gótico en el siglo XVIII se debió exactamente a lo mismo, a un mundo cambiante, lleno de tensiones y ansiedades.

Pero no son solo los imaginarios espectrales de ficción los que abundan: la creencia en ellos está tan extendida que más del sesenta por ciento de la población asegura haber visto un fantasma a lo largo de su vida. Ando por la calle en esta aventura bonaerense y, de cada dos personas que me cruzo, una, según las encuestas, ha visto a un ser de otro mundo. Me siento tentada a detenerme, a pedirle a cualquier transeúnte que me cuenta cuándo, dónde y cómo. A suplicarle que me convenza de que sí, de que no lo imaginó, a que me permita también a mí el consuelo de la vida eterna.

Hay un cuento, precisamente de una autora argentina, Juana Manuela Gorriti, precisamente escrito en ese tumultuoso siglo XIX al que tanto me gusta mirar, que me hace pensar en la diferente naturaleza de las apariciones espectrales y su poder metafórico. Titulado «Una visita infernal», en él la narradora cuenta la historia de su hermana, que, en su noche de bodas y mientras espera a su nuevo esposo, es visitada por un hombre que la toma entre sus brazos. Ante semejante visión, se desvanece y pierde la conciencia. Despierta después, ya con su marido y sin rastro de ese hombre al que no vuelve a ver. Hasta que décadas más tarde, ya anciana, se lo cruza paseando por la calle. Estremecida, se abalanza sobre el primer transeúnte que pasa y le pregunta si sabe quién es ese extraño señor:

> –Es el demonio. Él me arrancó de mi pacífica morada para llevarme a palacio y

> hacerme a la fuerza presidente. He aquí los ministros que vienen a buscarme.
>
> Eran los empleados del hospital que venían en pos suyo. El hombre, a quien mi hermana interrogaba, era un loco.

La locura y lo sobrenatural se dan la mano, como tantas veces, y como tantas veces lo que deciden hacer con mujer y hombre no es tan diferente a lo que pasa en el mundo de los vivos y los cuerdos: a ella, el demonio la posee en un arrebato erótico; a él, lo hace presidente.

XIX

Mi primera mañana en Buenos Aires, en cuanto amanece, bajo al cementerio. Es una primavera especialmente calurosa y, como dice Enriquez, «hay tanto gris y tanto sol». Ni un solo árbol resguarda estos ángeles de mármol de realismo virtuoso y los hieráticos bustos de notables. Por los rincones descubro vidrieras llenas de polvo, bellos arabescos en hierro forjado cubiertos de telarañas, puertas antiguas y deterioradas dispuestas a saltar en cualquier momento de sus goznes, muros derruidos e invadidos por la maleza. La propiedad de los sepulcros es para siempre. Por tanto, los panteones y criptas de aquellas familias que ya no tienen descendencia han quedado abandonados, y las autoridades del cementerio no tienen ningún derecho sobre ellos.

Busco con desesperación la estatua que da la bienvenida a la tumba de la familia Cambaceres, que representa a la joven Rufina, de la que Enriquez habla en su libro. Era la hija del escritor Eugenio Cambaceres y su figura esculpida en un estilo Art Nouveau nos da la bienvenida a la cripta que contiene sus restos y los de su historia. Corren diversas leyendas al respecto de su vida y su muerte, por lo visto todas con algún componente fantasioso. Según una de ellas, estaba perdidamente enamorada de Hipólito Irigoyen, que más tarde se convertiría en presidente de Argentina. Pero lo que ella no sabía era que Hipólito era el amante de su madre. Una noche en que Rufina se hallaba elegantemente vestida para asistir a una fiesta con Hipólito, su madre le suministró unas gotitas de somnífero para dormirla y poder así entregarse sin miedo al desenfreno con su amante. Rufina no despertó y murió esa misma noche. Tres médicos certificaron el deceso con el método de la época: colocar un espejo bajo su nariz y comprobar que no se entelaba y que, por tanto, no había ya hálito de vida. Sin embargo, una noche los empleados del cementerio oyeron ruidos que provenían de su sepulcro. Avisaron a la familia, que, cuando lo abrió, descubrió que Rufina no había muerto, sino que se encontraba inconsciente a causa de la pócima preparada por su madre y había sido enterrada viva: el rostro del ya sí cadáver estaba lleno de arañazos perpetrados por las manos de la propia Rufina, que en vano había tratado de salir dejando las marcas de sus afiladas uñas en las acolchadas paredes. Justo mientras contemplo el rostro dulce y angelical de Rufina, llega la visita guiada que ofrece de forma gratuita el cementerio y me quedo a escuchar su explicación.

Según el guía, que posee un destacable talento narrativo, el origen de los velatorios en Argentina se encuentra precisamente en el caso de Rufina. Pero lo que más me gusta de su relato es cómo apunta, no sin cierta ironía, quiénes son los compañeros de eternidad de Rufina. Su padre, que murió de una infección pulmonar, se encuentra en el mismo mausoleo, junto a su madre, la que quería quitarle a su enamorado y la culpable de su muerte. Pero es que, además, allí está también el hijo que tuvieron los dos amantes, que, con la hija ya muerta, pudieron contraer matrimonio y formar una nueva familia. El propio Hipólito se encuentra en el mismo cementerio, aunque a unos sepulcros de distancia. No es de extrañar, pienso, que muchos hayan afirmado ver el fantasma de Rufina pasear por estas callejuelas de noche. Quién no querría escapar de la losa de la familia, con sus traiciones y violencias, que te aplasta, no ya hasta la muerte, sino incluso después.

Durante todos los días que pasaré en esta habitación de hotel me asomaré a menudo al balcón cuando anochece, tratando de ver cómo el espectro de Rufina se libera de los lazos familiares y camina por esos estrechos callejones. Fantasearé con que se dirige hasta el sepulcro de Hipólito en busca de venganza, me solidarizaré con ella, dale fuerte, Rufina. Lo que quiero que haga este fantasma es lo que yo no seré capaz de hacer cuando regrese a Barcelona. Su espectro no es para mí más que una especie de muñeco de ventrílocuo con el que decirle a mi pareja que, si él no sabe si me quiere, yo sí sé que no merece que yo lo quiera. Y aunque no sea cierto, aunque sigo pensando que es merecedor de todo mi amor, quiero que Rufina me dé esa fuerza que yo no tengo para mentir, a él y a mí misma.

Anhelo que Rufina se levante de entre los muertos, llame a la puerta de la tumba de Hipólito y, como en una ranchera o un bolero, le reproche todas esas promesas de amor convertidas en nada, saque todo el orgullo que yo no tengo y dé un portazo eterno a esas relaciones que nos dañan. Pero, por mucho que lo intente, no consigo ver nada en ese jardín de la muerte más que las sombras de los mausoleos proyectadas por la luz de la luna.

XX

Ni siquiera la imaginación del mejor novelista podría haber dado con un final para Rufina más adecuado a su vida. Qué mejor manera de representar la traición del hombre al que amas y de tu propia madre que el horror de ser enterrada viva. En la misma época en la que vivió Rufina, las mujeres sepultadas aún con vida fueron un tropo común en la literatura gótica. Avanzado el siglo XIX, los ataúdes y las morgues sustituyeron a las mansiones encantadas. Eso tuvo que ver con los nuevos descubrimientos psiquiátricos, y con la desde entonces persistente idea de que la locura y la mujer eran un todo indisoluble. El neurólogo francés Gilles de la Tourette relacionó los espasmos de muerte, que podían conducir a falsos certificados de defunción, con el llamado «letargo histérico lúcido», mucho más propio de la mujer: el pulso de la paciente descendía, sus latidos se hacían inaudibles y el rostro se tornaba blanco, inmóvil y frío. La metáfora de la dama enterrada viva decía mucho de sus encierros cotidianos, pero también del temor a una clase médica que tendía a equivocarse, especialmente cuando del género femenino se trataba, y a castigar su cuerpo aún sensible como si ya no lo fuera.

Pienso en Rufina arañando el terciopelo que forra las paredes internas del ataúd, y su propia piel, como forma de dejar un último mensaje para esos ojos asombrados que un día quitarán la tapa. Me sé viva aunque me creáis muerta, igual que me creía amada aunque todo fuera mentira. Trato de imaginar a la Rufina real, a la de carne y hueso y no a la de mármol que da la bienvenida a su sepulcro. ¿Tengo derecho a convertirla en una metáfora? Porque esos arañazos son tremendamente reales, y quizá yo, con esa obsesión mía de buscar libros en los arroyos y sermones en las piedras, de alguna forma consigo lo contrario de lo que pretendo: la banalizo, la uniformizo y le quito la agencia que denuncio que no tenía.

Lady Macbeth, después de ser cómplice de los sanguinarios asesinatos de su marido, recurre exactamente a esto, a convertir en imagen a la persona para calmar su conciencia y la de su esposo:

> Los durmientes y los muertos no son sino pinturas.

Pero es precisamente una imagen, la de la sangre en sus manos, la que la hará consciente de sus actos y la torturará toda la obra. En una de las escenas más célebres de la literatura de todos los tiempos, Lady Macbeth se levanta sonámbula de la cama y se restriega las manos en un enloquecido trance, como si tratara de lavarlas:

> ¡Fuera, maldita mancha! ¡Fuera, digo! [...] ¿Quién habría pensado que el viejo tenía tanta sangre en su cuerpo? ¿No van a quedar nunca estas manos limpias? Aquí sigue el olor este de sangre: todos los aromas de la Arabia no perfumarán esta mano pequeña. Ah, ah, ah.

Esta escena da nombre a uno de los fenómenos que demuestra más fehacientemente cómo las metáforas se encarnan en el cuerpo y la suciedad moral se siente también como suciedad física. El efecto Macbeth se ha demostrado en múltiples experimentos. Como en este de 2006, en que un equipo de psicólogos invitó a un grupo de personas a participar en lo que, les dijeron, era un estudio de escritura a mano. Les pidieron que copiaran una historia que para la mitad de los participantes describía un acto ético y desinteresado (ayudar a un compañero de trabajo) y para la otra mitad, un acto poco ético (sabotear a un compañero de trabajo). Al salir de la sala, se invitó a los participantes a elegir una pequeña muestra de agradecimiento por haber participado en el estudio. Podían elegir entre un lápiz o un paquete de toallitas antisépticas. Los participantes que habían copiado la historia inmoral se decantaron en mayor número por las toallitas antisépticas que los que habían copiado la historia moral. Esta es solo una de las muchas pruebas científicas para una idea que todos intuimos: mediante el simple acto de lavarnos tratamos de aliviar nuestra culpa y nuestros remordimientos.

Entonces, mi forma de lavarme las manos, de quitarme esa culpa que a veces me hace sentir mal cuando convierto en literatura las vidas ajenas, es decir con Lakoff y Johnson que, por mucho jabón de literalidad con el que nos restreguemos, el verbo vuela, y vuela a la metáfora, porque no es solo nuestra mente divagando, es nuestro cuerpo diciéndonos que estamos vivos.

Por supuesto, esto no quiere decir que tengamos que aceptar de forma acrítica cualquier metáfora. Si el lenguaje es un campo de batalla, la metáfora también. Susan Sontag, en *La enfermedad y sus metáforas*, defendió que la mejor forma de afrontar la enfermedad es mediante el lenguaje que más se resiste al pensamiento metafórico. Sontag tenía en mente el cáncer, cuyas metáforas conceptuales recurren al vocabulario de la guerra: los tumores invaden y colonizan, y los tratamientos bombardean el cuerpo en una guerra química que se sirve de venenos letales. Las consecuencias de este campo semántico son fatales para quien padece la enfermedad, pero también para toda una sociedad que hace un uso de esta metáfora que incita a simplificar lo complejo e invita al fanatismo:

> Decir de un fenómeno que es como un cáncer es incitar a la violencia. La utilización del cáncer en el lenguaje político promueve el fatalismo y justifica medidas «duras», además de acreditar la difundida idea de que esta enfermedad es forzosamente mortal. Nunca es inocente el concepto de enfermedad, pero cuando se trata de cáncer se podría sostener que en sus metáforas va implícito todo un genocidio.

Pero la propia Sontag no puede evitar la metáfora, y ya en el primer párrafo de su libro usa un lenguaje que la escritora reconocerá años después como metafórico, cuando amplíe su argumentación en *El sida y sus metáforas*, y donde aceptará que ella misma ha sido presa de la seducción de las metáforas y que no es posible pensar sin ellas. «Pero eso no significa que no existan metáforas de las que es mejor abstenerse o tratar de apartarse». Porque el verbo y la metáfora vuelan, pero tenemos poder para decidir hacia dónde, y ahí hay toda una revolución posible.

XXI

Pensar que una metáfora es buena por el mero hecho de serlo no está tan alejado de la idea de que cualquier libro, por oler a biblioteca y tinta frente al hoy denostado e inodoro mundo virtual, es un dechado de virtudes. Otra cosa es la esperanza que su existencia nos pueda despertar. Pero la esperanza, como los libros, puede torcerse.

De hecho, durante los dos siglos posteriores al nacimiento de la imprenta, y sin contar el best seller eterno que es la Biblia, el libro más vendido fue *El martillo de las brujas*, uno de los mayores instrumentos de misoginia y que justificó el asesinato de miles de mujeres bajo acusación de brujería. Escrito por dos dominicos, estas más de quinientas páginas sostienen una alucinación colectiva en la que las mujeres devoran niños, vuelan en escobas, tienen sexo desenfrenado con Satanás, y son capaces con sus hechizos de malograr cosechas enteras o lanzar tormentas en las costas para que los navíos se estrellen contra los acantilados. Si algo nos enseña *El martillo de las brujas* es a desconfiar de la letra impresa, por muy científica que sea su apariencia. Para los dominicos, la razón de la maldad de las mujeres y las brujas con verruga se encuentra en la etimología –que se inventan a la brava– de «fémina», que según ellos procedería de «fe» y «minus», es decir, que mujer es la que tiene menos fe. Un cuento más, como el de que las brujas se transforman en gatos. En realidad, la etimología de «fémina» apunta más bien a lo contrario de lo que achacaban a las brujas: de raíz indoeuropea, significaría «la que alimenta».

Una de las primeras tareas de la imprenta fue alertar al mundo de la maldad de las brujas, a través del propio *El martillo de las brujas*, pero también de los panfletos que narraban los juicios más famosos de brujería y los detalles más atroces. Pero si la imprenta hizo llegar el odio contra las mujeres a cada pueblo y cada casa, también podemos hacer que llegue nuestra resistencia. Si la metáfora ha servido para denostar a la mujer, hacerla monstruo y viscosidad, la gran Babilonia, la madre de todas las abominaciones, debemos aprovechar ese vuelo, sea sobre bestia o escoba, para llegar hasta donde no se nos ha invitado. Y eso pasa por entender que la metáfora no es un mero juego de palabras, sino que es vital para la existencia feminista.

En *Macbeth* son las despreciadas brujas las

que ponen patas arriba un reino y provocan la mayor de las tragedias, pero no a través de hechizos, sino de la metáfora.

Hermoso es lo feo y es feo lo hermoso:
volar por la niebla y el aire apestoso.

Así nos reciben las tres brujas con las que se encuentra el general Macbeth en un bosque escocés a su regreso victorioso de la guerra. Estos son solo los primeros de una serie de versos que pronuncia el apestado trío y que muestran lo inestable y ambiguo que puede llegar a ser el lenguaje. Entre rimas y conjuros, las brujas lanzan la profecía que será el motor del baño de sangre del que Lady Macbeth no puede limpiarse:

Salud a ti, Macbeth. Serás un día rey.

Cegado por la ambición, y con la complicidad y ánimo de su esposa, Macbeth mata a Duncan, legítimo rey de Escocia, asciende al trono y se adentra en una espiral de paranoia frente a todo aquel que suponga una amenaza a su poder. Mientras las tres temidas hermanas continúan con sus hechizos, con los que juegan a desatar tempestades, una verdadera tempestad de crimen y vísceras se desata en palacio. Pero nada calma la sed de seguridad de Macbeth: solo una nueva profecía de las brujas le permite encontrar una paz que, como en toda tragedia, no será duradera:

Sé cruel, audaz, resuelto; ríete a placer del poder del hombre: pues ningún parido por mujer podrá a Macbeth dañar.

Macbeth se confía y renuncia a destruir su mayor amenaza, Macduff, quien le acaba asestando el golpe mortal mientras le revela que, si ha perdido, no se debe al engaño brujeril sino a la ambigüedad del lenguaje, pues efectivamente no fue parido, sino que se le arrancó a destiempo del vientre de su madre.

La profecía de las brujas no mentía, pero no es lo sobrenatural lo que destruye a Macbeth, sino algo tan mundano como la palabra.

Con este desenlace, Shakespeare revela que incluso los reyes están sujetos a la naturaleza equívoca del lenguaje. Como Macbeth, hoy vivimos en la fantasía de un lenguaje unívoco. Nuestra época parece estar marcada por el literalismo, que lleva consigo un ánimo que nos impone que la pureza se encarne en nuestro cuerpo y en cada una de nuestras acciones.

Quizá tenemos que ser las brujas, los monstruos, los espectros quienes reivindiquemos la complejidad de nuestras emociones y acciones, y que no hay texto que sea puro, como tampoco lo es ningún lector. Quizá somos precisamente nosotras, las reinas de Babilonia montadas sobre bestias de siete cuernos, las que tenemos que mostrar al mundo que en el lenguaje, como en la vida, hay acomodaciones, rendiciones, ecos de lo silenciado y lo olvidado que no podemos simplificar.

Desde joven, en todas esas manifestaciones feministas, me he sumado a la reivindicación de la imagen de la bruja: «Somos las nietas de las brujas que no pudisteis quemar», «Tremate, tremate, le streghe son tornate!», «This witch doesn't burn». Con sombreros puntiagudos y vestidas de negro, hemos hecho presentes a todas aquellas mujeres que fueron aniquiladas por la violencia patriarcal. Pero hemos reivindicado poco su lenguaje, ese que está lleno de metáforas, que se resiste a la pureza y la literalidad. Solo reconociéndonos impuras, a nosotras, nuestras palabras y nuestros deseos, podremos por fin mirarnos al espejo y, como ese otro villano shakesperiano, reconocer esta cosa de tinieblas como orgullosamente nuestra.

XXII

Cuando se acaban mis días en Buenos Aires, cuando el festival llega a su fin y debo dejar este país que se adentra en el verano para ir al mío, en el que pronto será invierno, no puedo dejar de imaginar que efectivamente me atropellan. Durante toda mi estancia he escuchado a mi hijo y he sido especialmente cuidadosa en cada semáforo, en cada cruce. Pero ahora veo en una ensoñación despierta cómo un coche me arrolla, un autobús me pasa por encima.

Después de certificar mi muerte, quizá me llevarían al cementerio de la Recoleta, por el que paseo ahora mismo, para no tener que cruzar un océano embalsamada. Aunque lo más probable es que abrieran de nuevo el nicho de mi padre y mis cenizas se amontonaran con las suyas en aquel paraje con vistas al mar.

Pero lo que más me pregunto mientras mi mente vuela a su propia muerte por estas callejuelas luctuosas es cómo sería mi fantasma y, sobre todo, que mensaje transmitiría. ¿Qué diría como espectro que no he dicho en vida?

Mientras cavilo todo esto entre los mausoleos de desconocidos creo por fin escuchar una voz de la ultratumba, de sonido algo cavernoso, y creo distinguir que me dice algo así como: Escribe, lo que veas o lo que no veas, pero escribe. Solo eso.

Bibliografía

Aristóteles, *Poética*, traducción de Antonio López Eire, Akal, Madrid, 2002.

Austin, J. L., *How to do things with words*, Harvard University Press, Cambridge, 1975.

Barker, Wendy, *Lunacy of Light: Emily Dickinson and the Experience of Metaphor*, Southern Illinois University Press, Illinois, 1987.

Bécquer, Gustavo Adolfo, *Leyendas*, Austral, Barcelona, 2010.

Davies, Owen, *Troubled by Faith: Insanity and the Supernatural in the Age of the Asylum*, Oxford University Press, Oxford, 2023.

Derrida, Jacques, *Espectros de Marx*, traducción de José Miguel Alarcón y Cristina de Peretti, Trotta, Madrid, 2012.

Despentes, Virginie, *King Kong Théorie*, Le Livre de Poche, París, 2007.

Dickinson, Emily, *Poesías completas*, tomos I, II y III, traducción de José Luis Rey, Visor, Madrid, 2016.

Enriquez, Mariana, *Alguien camina sobre tu tumba*, Anagrama, Barcelona, 2013.

Fahey, Maria Franziska, *Metaphor and Shakes-*

pearean Drama: Unchaste Signification, Palgrave Macmillan, Londres, 2014.
Freud, Sigmund, *Lo siniestro: El hombre de la arena*, Archivos Vola, Madrid, 2020.
Gardner, Howard, y Winner, Ellen, «The Development of Metaphoric Competence: Implications for Humanistic Disciplines», en Sacks, Sheldon (ed.), *On Metaphor*, The University of Chicago, Chicago, 1979.
Gilman, Charlotte Perkins, *El papel pintado amarillo*, traducción de Montse Meneses Vilar, Alpha Decay, Barcelona, 2023.
Gorriti, Juana Manuela, «Una visita infernal», en VV. AA., *Dantescas*, edición de María Fernanda Ampuero, FERA, Buenos Aires, 2024.
Homero, *Odisea*, traducción de Luis Segalá y Estalella, Austral, Barcelona, 2010.
Kirmayer, Laurence J., «La folie de la métaphore», *Anthropologie et Sociétés*, vol. 17, n.º 1-2, 1993.
Lakoff, George, y Johnson, Mark, *Metáforas de la vida cotidiana*, traducción de Carmen González Marín, Cátedra, Madrid, 2019.
McClintock, Anne, *Imperial Leather: Race, Gender and Sexuality in the Colonial Contest*, Routledge, Londres, 1995.
Ovidio, *Metamorfosis*, traducción de José Antonio Enríquez, Austral, Barcelona, 2011.
Peeren, Esther, *The Spectral Metaphor*, Palgrave Macmillan, Nueva York, 2014.

Rich, Adrienne, *Collected Poems*, W.W. Norton & Company, Nueva York, 2016.

Sexton, Anne, *Poesía completa,* traducción de José Luis Reina Palazón, Linteo, Orense, 2013.

Shakespeare, William, *El rey Lear*, traducción de Ángel Luis Pujalet, Austral, Barcelona, 2007.

Shakespeare, William, *Hamlet*, traducción de Ángel Luis Pujalet, Austral, Barcelona, 2010.

Shakespeare, William, *La doma de la fiera*, en *Comedias*, traducción de Víctor Obiols, Penguin Random House, Barcelona, 2016.

Shakespeare, William, *Macbeth*, traducción de Agustín García Calvo, Penguin Random House, Barcelona, 2015.

Shelley, Mary, *Frankenstein*, traducción de José C. Vales, Austral, Barcelona, 2014.

Sontag, Susan, *La enfermedad y sus metáforas. El sida y sus metáforas,* traducción de Mario Muchnik, Penguin Random House, Barcelona, 2014.

UN Women, *Gender-related killings of women and girls: Improving data to improve responses to femicide/feminicide*, United Nations Office on Drugs and Crime, 2022.

Zhong, C.-B., Liljenquist, K., «Washing Away Your Sins: Threatened Morality and Physical Cleansing», *Science*, 313(5792), 1451-1452, 2006.

Zimmerman, Jess, *Women and Other Monsters*, Beacon Press, Boston, 2021.